Daniel Mark Eberhard
Martina Raab

Das schnelle METHODEN 1x1 Musik

mit Arbeitsmaterialien

Cornelsen

Die Autoren des Bandes

Daniel Mark Eberhard ist Professor für Musikpädagogik und Musikdidaktik an der Katholischen Universität Eichstätt-Ingolstadt. Er ist international als professioneller Musiker und als gefragter Referent in der Lehrerfortbildung tätig. Seine künstlerische und pädagogische Arbeit wurde mehrfach bei Wettbewerben ausgezeichnet.

Martina Raab ist Seminarrektorin für Musik an der Dreiflüsse-Realschule Passau. Daneben arbeitet sie als Referentin bei Lehrerfortbildungen und als Ansprechpartnerin für das Fach Musik (Realschule) am ISB (Institut für Schulqualität und Bildungsforschung) in München.

Bildquellen:
S. 26: Shutterstock/handini_atmodiwiryo; **S. 36:** Dorina Tessmann, Berlin; **S. 40:** Shutterstock/Titov Nikolai; **S. 41** v. oben links im Uhrzeigersinn: Shutterstock/paseven; Shutterstock/Stokkete; Shutterstock/frantic00; Shutterstock/Haarkus; Shutterstock/sirtravelalot; Shutterstock/Fusion-studio; **S. 42** v. oben links im Uhrzeigersinn: Shutterstock/Aquarius Studio; Shutterstock/Stokkete; Shutterstock/Maria Fomina; Shutterstock/MIGUEL G. SAAVEDRA; Shutterstock/Glinkskaya Olga; Shutterstock/Alex Tihonovs; **S. 46:** Shutterstock/Peter Hermes Furian; **S. 47:** Shutterstock/32 pixels; **S. 58:** Shutterstock/handini_atmodiwiryo; **S. 63:** Martina Raab, Passau; **S. 65:** Manfred Brunnbauer, Ruderting; S. 69: Liliane Oser, Hamburg.
S. 22, 39, 54, 55, 67: Kristina Klotz, München

Projektleitung: Dorothee Weylandt, Berlin
Redaktion: Marion Clausen, Berlin
Umschlagkonzept: Ungermeyer, Berlin
Umschlaggestaltung: LemmeDESIGN, Berlin
Notensatz: Kontrapunkt Satzstudio Bautzen
Layout/technische Umsetzung: fotosatz griesheim GmbH

www.cornelsen.de

1. Auflage 2020

Druck: H. Heenemann, Berlin

ISBN 978-3-589-16684-8

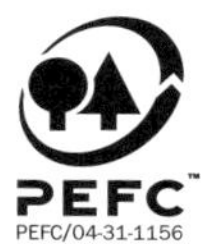

PEFC zertifiziert
Dieses Produkt stammt aus nachhaltig bewirtschafteten Wäldern und kontrollierten Quellen.

www.pefc.de

Hinweis:
Sie können die Materialseiten auf dem Kopierer auf 141% vergrößern, um eine DIN-A4-Seite zu erhalten.

Zur Vorbereitung, Durchführung und Nachbereitung ihres Musikunterrichts stellen sich Lehrende u.a. die Frage nach geeigneten Methoden im Hinblick auf ausgewählte Themen und Zielgruppen.

„Das schnelle Methoden-1x1 Musik" möchte bei der Suche nach bewährten und kreativen Methoden Hilfestellung leisten, aber auch zur Erprobung neuer Methoden inspirieren und zu einem bewussten Einsatz von Methoden auf verschiedenen Ebenen des Unterrichts anregen.

Nach einer kurzen Einführung zur Organisation des Musikunterrichts werden erprobte Methoden für unterschiedliche unterrichtliche Anwendungsfelder vorgestellt.

Die Darstellung der einzelnen Methoden folgt zum schnellen Zugriff dieser gleichbleibenden Struktur:
- Ziel der Methode,
- Einsatzmöglichkeiten,
- Vorbereitung,
- Sozialform und Jahrgangsstufen,
- Beschreibung,
- Tipps und Varianten,
- Material.

Wir wünschen Ihnen eine anregende Lektüre und bedanken uns für Rückmeldungen, Anmerkungen und Kritik.

Daniel Mark Eberhard, Martina Raab

Im Zuge der wechselvollen Geschichte des schulisch institutionalisierten Musikunterrichts hat sich eine große Methodenvielfalt zur unterrichtlichen Umsetzung der verschiedenen musikalischen Lernbereiche *Musik hören, Musik machen, Musik erfinden, Musik umsetzen* (in Tanz, Bewegung, Bild etc.) sowie *Musik reflektieren und notieren* herausgebildet. Die Vielfalt der Zugangs- und Vermittlungsweisen nimmt auf permanente musikalische, fachdidaktische, gesellschaftliche, mediale, wissenschaftsorientierte und bildungspolitische Veränderungen Bezug. Neben den genannten Lernbereichen kommen im Musikunterricht auch Methoden zur Unterrichtsorganisation, zur Verbesserung des Interaktions- und Sozialverhaltens sowie zur Förderung von Wahrnehmung und Aufmerksamkeit etc. zum Einsatz.

Unter „Methode" wird dabei ein planmäßiges Vorgehen zum Erreichen von zuvor festgelegten Zielen für eine bestimmte Person/Lerngruppe verstanden.
Dabei stehen Methoden immer in unmittelbarer Wechselwirkung zu Zielen und Inhalten. Zu den wesentlichen **Funktionen** von Methoden gehören

- die *symbolische Vermittlung der Wirklichkeit*, z. B. die szenische Umsetzung einer Opernszene, die Planung und Durchführung eines Konzerts, eine Tanzeinstudierung oder ein Bandspiel im Rahmen des Klassenmusizierens.
- die *Strukturierung von Lernwegen* in abwechslungsreiche, kleine Schritte, z. B. zum Erlernen der traditionellen Notenschrift, zum Erlernen eines Liedes oder Instrumentalstücks, zur Einführung eines Musikinstruments.
- sowie die Funktion einer *Lernhilfe*, die auf verschiedene Lernbedürfnisse Rücksicht nimmt, Differenzierungsgrade beinhaltet und somit individuelle Lernwege („Methoden") ermöglicht, z. B. die ganzheitliche Vermittlung eines Herbstlieds mit allen Sinnen, über vokale, instrumentale, sensomotorische, rezeptive Zugänge auf verschiedenen Niveaustufen, über visuelle, haptische, auditive Textvermittlungstechniken etc.

Methoden lassen sich auf verschiedene Arten strukturieren:

- *Makromethodik:* Dazu gehören methodische Großformen wie Lehrgänge, Freiarbeit, Trainingsprogramm, Projektarbeit etc.
- *Mesomethodik:* Zur Mesomethodik gehören Sozialformen, Handlungsmuster (Vortrag, Erzählung, Disput, Textarbeit, Tafelarbeit, Internetrecherche) und Verlaufsformen (Einstieg, Erarbeitung, Ergebnissicherung).
- *Mikromethodik:* Auf dieser Ebene liegen gezielte, kleinste Inszenierungstechniken und Handlungsmuster von Lehrer/innen und Schüler/innen zur Initiierung und Aufrechterhaltung von Lehr-/Lernprozessen (z. B. verbale, nonverbale, mimische, körpersprachliche, bildnerische Verfahren und Gesten).

Die vorliegende Publikation nimmt vorwiegend auf die Ebene der Mikromethodik Bezug.

Methodische Differenzierung in den Aktions-, Sozial-, Unterrichts- und Gesprächsformen

Aktionsformen kennzeichnen, wie Schüler/innen und Lehrkräfte im Unterricht agieren. Sie werden innerhalb von Sozial- und Unterrichtsformen verwirklicht, z. B. etwas demonstrieren, erzählen, schreiben, lesen, ausfüllen, malen, diskutieren, in Rollenspielen umsetzen, tanzen, singen, mit Instrumenten spielen, am Computer verfremden etc.

Sozialformen beschreiben das Miteinander in der Klasse während des Unterrichts. Ihre Auswahl erfolgt situations- und aufgabenabhängig. Unterschieden werden: Frontal- bzw. Klassenunterricht, Einzel-, Partner-, (Klein-)Gruppenarbeit, Gesprächskreise etc.

Als **Unterrichtsformen** werden darbietende, von der Lehrkraft ausgehende Unterrichtsformen von erarbeitenden oder entdecken lassenden Unterrichtsformen unterschieden. Auch auf der Ebene der Gesprächsformen lassen sich Methoden differenzieren, z. B. Lehrervortrag, fragend-entwickelndes Unterrichtsgespräch, gelenktes, freies, offenes oder thematisch gebundenes Unterrichtsgespräch, Klassengespräch, Diskussion, Partnergespräch.

Beispiel: Zum Stundeneinstieg (*Verlaufsform; Ebene: Mesomethodik*) wird nach einer kurzen Raumvorbereitungs- und Disziplinierungsphase (methodische Ebene der Unterrichtsorganisation und Verhaltensregulation) von der Lehrerin eine Höraufgabe zu einem Musikstück (*darbietende Unterrichtsform*) in Form des Frontal-/Klassenunterrichts (*Sozialform*) präsentiert (*Aktionsform der Lehrerin; gemeinsamer Unterricht auf der Ebene der Makromethodik*). Durch mimische und gestische Impulse (*Aktionsformen; darbietende Unterrichtsform*) führt die Lehrerin die notwendige Stille herbei und zeigt (*Aktionsform*) auf den Tafelanschrieb mit der Aufgabenstellung (*Ebene: Mikromethodik*).

Die Schüler/innen hören nun genau zu (*Aktionsform*), fertigen Notizen an (*Aktionsform*) und tauschen sich anschließend (*Aktionsform*) mit dem Sitznachbarn in Partnerarbeit (*Sozialform*) aus. Im folgenden Unterrichtsgespräch (*Sozial-/Gesprächsform*) werden die Ergebnisse vorgestellt und reflektiert (*Aktionsformen*). Abschließend wird das Besprochene nochmals gemeinsam am Hörbeispiel verifiziert (*Sozial- und Aktionsform*).

Es sei daran erinnert, dass Methoden im unterrichtlichen Einsatz auch auf einer Meta-Ebene mit den Schüler/innen in Bezug auf ihre Praktikabilität und ihren Lernerfolg kritisch reflektiert werden sollen, um einen Beitrag zur Umsetzung des fächerübergreifenden Bildungs- und Erziehungsziels „Lernen lernen" zu leisten. In diesem Band werden fachspezifische Methoden für den Musikunterricht in der Sekundarstufe vorgestellt. Dabei werden sowohl die Unterrichtsorganisation als auch verschiedene musikalische Umgangsweisen in Verbindung mit einer Auswahl gängiger Lernfelder und Themengebiete des Musikunterrichts konkretisiert.
Zu den behandelten Themengebieten finden Sie hier kurze allgemeine Hinweise, bevor nachfolgend ab Seite 17 die konkreten Methoden vorgestellt werden.

Metrum, Takt, Rhythmus und Groove

Der Umgang mit Rhythmen und den Unterscheidungen von Metrum/Puls, Takt, Rhythmus bereitet den Schüler/innen z.T. große Schwierigkeiten. Gerade für diejenigen, die den Puls/das Metrum (noch) nicht spüren, erfassen und umsetzen können, ist die rhythmische Arbeit im Klassenverband bzw. allgemein das Klassenmusizieren eine erhebliche Herausforderung. Daher soll zunächst darauf hingewiesen werden, dass das gemeinschaftliche Musizieren nicht zwangsläufig das Vorhandensein eines Pulses voraussetzt, sondern dass auch freie, a-metrische Improvisationen und Klang-/Geräuschgestaltungen methodisch-inhaltliche Bestandteile des Musikunterrichts sein können. Schüler/innen, die den Kontrast zwischen a-metrischer und metrisch gebundener Musik auf der Basis eigener musikpraktischer Erfahrungen wahrnehmen, sind besser in der Lage, sich in unterschiedlichen Musiziersituationen zurechtzufinden. So können als Ausgangspunkt für das metrisch gebundene Musizieren freie Improvisationen im Klassenverband stattfinden, die erst sukzessive in metrisch gebundenes Musizieren münden.

Ein **Beispiel für zielführendes Vorgehen** über einen – je nach Zielgruppe kürzeren oder längeren Zeitraum – könnte wie folgt aussehen:

1. Freie Improvisationen ohne Metrum/Puls (z. B. Gestaltung eines „Sonnenaufgangs" oder „Regens" mit Musik-/Alltagsinstrumenten; „30-Sekunden-Musik", bei der jede/r Schüler/in ein zuvor gewähltes Geräusch nur einmal, später auch mehrmals, platzieren darf)
2. Bewegung zu metrisch gebundener Musik (z. B. auf die Zehenspitzen steigen und bei den Schwerpunkten auf die Fersen fallen lassen; zum Metrum passend durch den Raum gehen; das Metrum gestisch darstellen; mitsprechen oder -singen lassen)

3. Bewusste Lenkung der Aufmerksamkeit und Wahrnehmung, Nutzung verschiedener Sinneskanäle bei der Vermittlung (z. B. sensomotorisch, sprachlich, visuell), bewusste und langsame Bewegungen zur allmählichen Synchronisation von Beobachtetem, Gehörtem und der eigenen Ausführung
4. Niederschwellige, rhythmische Übungen (z. B. S. 19: Musik und Mathematik: Vom Zählen zum Groove), die aufbauend in komplexere, polyrhythmische Strukturen überführt werden
5. Nutzung von leicht handhabbaren Gegenständen und Instrumenten (z. B. S. 21: Chop-Sticks-Circle: Rhythmus und Rhythmik mit Essstäbchen)

Musik hören und reflektieren
Das Hören von Musik spielt sowohl im Alltag von Kindern und Jugendlichen als auch im Musikunterricht eine zentrale Rolle. Hierbei treten unterschiedliche **Arten** und **Funktionen** des Hörens in Erscheinung und z. T. unterrichtlich in Konkurrenz zueinander. Während auf Stille und Konzentration bedachte Musiklehrkräfte ein bewusstes Hören forcieren, präferieren wohl die meisten Schüler/innen ein eher unbewusstes Hören von Musik zur Entspannung und Unterhaltung. Da in einer reizüberfluteten, lauten Umwelt bewusste Hörvorgänge z. T. gänzlich neu erlernt werden müssen, kommt dem Musikunterricht hinsichtlich der differenzierten Wahrnehmung von Musik und Geräuschen sowie dem eigenen Körper eine entscheidende Bedeutung zu. Daneben gibt es noch weitere Gründe für eine verstärkte Auseinandersetzung mit diesem Lernbereich und eine **bewusste Schulung des Hörverhaltens:** Trotz der Allgegenwart von Musik ist eine Diskrepanz zur altersspezifisch stark eingeschränkten Musikauswahl („Soundmonotonie") auf Schülerseite festzustellen. Umweltlärm und ständige Geräuschkulissen sowie häufige Mediennutzung und -einflüsse (u. a. durch Musikvideos, Smartphones, Videospiele, Internet) verändern das Hörverhalten auch in Bezug auf die Hörqualität massiv (vgl. Musikkonsum über klanglich defizitäre Handy-Lautsprecher). Elektronische Derivate sowie umfangreiche Soundbibliotheken für Musikproduktionen entfernen auditiv vom originalen Klang echter Instrumente und Besetzungen.

Schulischer Musikunterricht kann zur fehlenden Vertrautheit mit Klängen, die nicht dem persönlichen Lebensabschnitt entsprechen, eine Ausgleichsfunktion einnehmen und Schüler/innen Wege zu einem bewussteren Hörverhalten ermöglichen.
Neben dem unbewussten Hören (z. B. zur Meditation, bei Fantasiereisen, zum Tanzen) lassen sich

- Methoden des emotionalen Hörens („Was fühlst du beim Anhören?"),

- Methoden des assoziativen Hörens („Woran denkst du beim Anhören?“),
- Methoden des sensomotorischen Hörens („Welche Bewegungen/Gesten/ Körperhaltungen passen zum Gehörten?“) und
- Methoden des analytischen Hörens („Höraufträge“, „Gehörbildung“) anwenden.

Durch ein aktives, musikalisch-handlungsorientiertes, bewusstes und erlebnisorientiertes Hören als Gegenpol zu unbewusster Musikberieselung können über ein intensiviertes Musikerleben hinaus Reflexionsprozesse angestoßen und vertieft werden.

Informationen sammeln, über Musik sprechen
Der Bereich **Reflexion** nimmt im Musikunterricht der weiterführenden Schulen einen großen Raum ein. Die Sammlung und Erfassung, Verarbeitung, Systematisierung, Aufbereitung, grafische Codierung (z. B. beim Notenschreiben) und Präsentation von Informationen findet etwa bei musikgeschichtlichen und -theoretischen Themen, bei der Werkkunde, bei Komponistenbiografien, bei musiksoziologischen, -ethnologischen oder -psychologischen Themen, aber auch bei popmusikalischen, zeitgeschichtlichen oder jugendkulturell orientierten Themen statt.

Aus Schülersicht wird nicht selten beklagt, dass dieser Bereich in Form von Lesen, Diskutieren, Abschreiben, Ausfüllen, Ausschneiden, Visualisieren und Präsentieren etc. einen zu großen Anteil des Musikunterrichts im Gegensatz zur Musikpraxis und dem audio-visuellen Rezipieren von Musik darstellt, so dass die Unterrichtsgestaltung eher an Sprach- als an Musikunterricht erinnert. Dieser Vorwurf scheint insbesondere dann gerechtfertigt, wenn neben den genannten Aktionsformen die übrigen Lernbereiche „Musik hören“, „Musik machen“, „Musik erfinden“ und „Musik umsetzen“ unterrepräsentiert sind. Je nach Schulform sind unterschiedliche Gewichtungen der Lernbereiche obligatorisch, dennoch sollte der **aktive, erfahrungsbezogene Umgang mit Musik** als Ausgangspunkt musikalischen Lernens stets im Vordergrund bleiben. Die unterrichtliche Bandbreite erweitert sich umso mehr, wenn über mediale Hilfen hinaus auch methodische Varianten auf interaktiver Ebene, wie z. B. Gruppenpuzzle, Lernspiele (s. S. 38), fiktive Interviewsituationen zur Informationsvermittlung, Entwurf und Präsentation von Plakaten, Einrichtung fiktiver Social-Network-Accounts und Chat-Texte etc. einbezogen werden.

Welches musikalische und musikbezogene Wissen in welcher Form vorwiegend reflexiv bearbeitet werden soll, klärt dabei nicht nur der Lehrplan oder der

Verweis auf das Allgemeinwissen, sondern auch der Blick auf aktuelle Themen, auf den schwierigen Spagat zwischen Detailwissen (mit Gegenwarts- und Zukunftsrelevanz für die Schüler/innen) und breit gefächertem Orientierungswissen in einer zunehmend komplexer und diverser werdenden Welt.

Die **Vermittlung von Musiktheorie** gehört zu den besonders kontroversen Themen des Musikunterrichts. Auf Schülerseite ergibt das Erlernen musiktheoretischer Grundlagen und Zusammenhänge erst dann Sinn, wenn die theoretischen Erkenntnisse praktisch geübt, gefestigt und regelmäßig angewendet werden. Gleichzeitig können musiktheoretische Themen – je nach Verständnisgrad und Bereitschaft – eine gewisse Sicherheit in Bezug auf das zu Lernende geben. Auf Lehrerseite polarisiert die Behandlung musiktheoretischer Stoffe insofern, als sich hier eher praxisaffine oder theoretisch ausgerichtete Musiklehrertypen manifestieren. Der zentralen, antiken Bedeutung von Musiktheorie nahezu diametral entgegengesetzt ist angesichts der Vielfalt musikunterrichtlich relevanter Themen die heutige Popularität. Da wohl in den meisten Schulklassen die Kinder und Jugendlichen, die kein Instrument spielen, überwiegen dürften, ergeben sich bezüglich dieses Lehrplan-Standardthemas starke Unterschiede in Bezug auf Leistung und Erfahrung. Die Vermittlung abstrakten Wissens und musikspezifischer Symbolik ist für „Nicht-Musiker/innen" oftmals uneinsichtig und herausfordernd.

Als **Beispiel für eine mögliche Theorie-Praxis-Verknüpfung** wird auf S. 55 das Bauprinzip einer Tonleiter thematisiert. Bereits der Begriff der Leiter ist nicht unproblematisch, da das Bild einer Leiter nicht zur musiktheoretischen Realität passt. Die visuelle Darstellung will daher wohlüberlegt sein – im Gegensatz zur Abbildung in einem Musik-Schulbuch, in der eine Treppe mit ausschließlich gleich hohen und breiten Stufen die Dur-Tonleiter symbolisieren soll …

Musiktheoretische und **musikgeschichtliche** Themen werden lebendig, wenn sie für Schüler/innen eine Bedeutung haben, wenn Lebenswelt- und persönliche Bezüge geschaffen werden, wenn Relevanz und Anwendungsbezüge des Behandelten einsichtig werden. Angesichts der Fülle an möglichen Themen und Biografien ist zudem zu überlegen, inwiefern die Lehrkraft Themen vorgibt oder Wahlmöglichkeiten für die Lerngruppe eröffnet. Grundsätzlich empfiehlt es sich, musiktheoretische Lerninhalte auf mehreren, miteinander verschränkten Ebenen zu vermitteln (praktisch erfahren, sehen, gestikulieren, lesen und verstehen, selbst erklären, anwenden).

Klassenmusizieren
Der Begriff „Klassenmusizieren" wird im Folgenden gleichbedeutend mit dem **Musizieren in Schulklassen** verwendet: Darunter werden kollektive Musizierphasen im allgemeinbildenden Musikunterricht verstanden, bei denen der Fokus auf der gemeinsamen musikpraktischen Aktivität aller Mitglieder einer Schulklasse liegt. Dieses Begriffsverständnis schließt somit auch begleitende musikbezogene Aktivitäten wie Tanz und Bewegung oder andere Ausdrucksformen mit ein.

Die **Möglichkeiten der Umsetzung** sind dabei vielgestaltig:
- Singen und stimmliche Improvisationen
- Musizieren mit Orff-, Band-, Perkussionsinstrumenten, Flöten, Ukulele, Mundharmonika, Singerohr, Bordunlaute, Steckbundmonochord, Streichpsalter, Okarina, Melodika, Klangbausteinen, Gitarre, Boomwhackers, Weltmusik- oder selbstgebauten Instrumenten
- Musizieren mit Alltagsgegenständen, Vocussion, Bodypercussion und Air Drumming
- Musizieren mit analogen und digitalen Medien
- Musizieren in Streicher-, Bläser-, Chor-, Flöten-, Gitarren-, Keyboard-, iPad-, Band-/Rockklassen
- experimentelles Musizieren, Gruppenimprovisationen (frei, gebunden)
- Live-Arrangements und Circle Grooves
- (Teil-)Realisationen notierter Mitspielsätze, Kompositionen und Arrangements
- Musik in Verbindung mit Tanz oder szenischer Darstellung

Die enorme Bandbreite an instrumentalen, vokalen, medialen und stilistischen Zugangsweisen kann musikpädagogische und musikalische Horizonte eröffnen, gleichzeitig die Lehrkräfte vor komplexe Organisations- und Koordinationsaufgaben stellen. Methodisch betrifft dies z. B. die Etablierung klarer Regeln, die Einübung ritualisierter Abläufe bei der Schaffung und Auflösung von Musiziersituationen, die Vorbereitung von Instrumenten in Bezug auf Stimmung und Funktionalität, die Klärung von Routinen bei der Verteilung und beim Einsammeln von Instrumenten und Equipment, die Vermittlung und Festigung nonverbaler Signale zur Gruppensteuerung etc.

Visualisieren von und bewegen zu Musik
Musik kann nicht nur gehört, gemacht, überdacht, geschrieben und erfunden werden, sondern eröffnet auch Möglichkeiten der Verschränkung mit anderen

Ausdrucksformen, z. B. Tanz, Pantomime, Szene, Bild, Film oder Sprache (z. B. bei Klanggeschichten und Text-Vertonungen). So bietet es sich an, Musik in die genannten Formen zu übertragen und zu diesen Ausdrucksformen zu musizieren. Die Verknüpfung kann über die Nutzung weiterer Sinneskanäle zu einem tieferen Verständnis von Musik führen, besondere ästhetische Erfahrungen ermöglichen und neue, kreative Ausdrucksweisen hervorbringen.

Die **Verbindung von Musik und Bewegung** reicht von basalen, kleinräumigen Bewegungselementen (z. B. hohe und tiefe Töne mit Handbewegungen darstellen, Musik dirigieren, eine Betonung oder einen Akzent mitzeigen) über großräumige Gruppenaktivitäten (z. B. zur Musik im Raum gehen), Bewegungsspiele (z. B. Laufen und Einfrieren in der Bewegung zu Musik mit markanten Pausen), offene und gebundene Tanzformen (z. B. freier Tanz, Menuett-Tanz, Choreografie) bis hin zu aufwändigen und umfangreichen szenischen Interpretationen von Musik (s. S. 62: Werkausschnitte in Bilder umsetzen). Auch die Gestaltung mit Gegenständen, z. B. Chiffontücher oder Gymnastikbänder, zählt zu diesem Lernbereich und kann ein intensiviertes Erlebnis von Musik ermöglichen.

Das Visualisieren von Musik umfasst die abstrakte oder gegenständlich gebundene, zeichnerische Umsetzung von Musik (s. S. 62: Werkausschnitte in Bilder umsetzen) bzw. die Umsetzung einer musikalischen Grafik/grafischen Notation in Musik, aber auch das Legen von Partituren, z. B. mit Steinen. Letzteres hat den Vorteil, dass dynamische Visualisierungen entstehen, die durch die Lageveränderung von Steinen nachträglich umgestaltet werden können. Gerade digitale Medien bieten hinsichtlich der Visualisierung hilfreiche und inspirierende Möglichkeiten. So gibt es Software/Apps, mit denen Musik wirkungsvoll in interaktive, mediale Kunstwerke übertragen werden kann, aber auch filmische Umsetzungen sind möglich (s. S. 68: Werkausschnitte mit Stop-Motion-Videos in Bilder umsetzen).

Komponieren

Komponieren (von lat. componere = zusammenstellen, -bringen) bietet schon dem ursprünglichen Wortsinne nach viele Möglichkeiten für eine kreative Umsetzung. Die Frage, was sich wie komponieren lässt, eröffnet eine Vielzahl an Optionen hinsichtlich des Materials und der Art und Weise, wie mit diesem umgegangen wird.

Methodisch lassen sich Musikstücke mit Schüler/innen etwa in kleinerem oder größerem Umfang entwickeln, Samples unter Einsatz digitaler Medien kompositorisch miteinander verbinden, herkömmliche Notationsformen mittels individueller Schüler-Darstellungen erweitern, klassische Kompositionsprinzipien erproben und neue erfinden, genre- und stilspezifische Kompositionstechniken umsetzen, Zufallskompositionen mit vorgegebenem Material gestalten etc.
Schülerkompositionen können aus Improvisationen und Versuchen, diese verbindlich festzuhalten, hervorgehen. Dabei wird für Schüler/innen – ausgehend von klingender Musik – die Notwendigkeit der dauerhaften Fixierung einsichtig. Aus dieser Einsicht können die Schüler/innen entweder eigene Notationsweisen erfinden oder traditionelle zielgerichtet anwenden.
Zur Überprüfung der Notationen von Kompositionen werden diese von den Mitschüler/innen oder von der Lehrkraft ausgeführt. Mögliche Abweichungen der Interpretation von der Notation oder unterschiedliche Wirkungen der Komposition auf die Zuhörenden können wiederum Ausgangspunkt für die Reflexion der Komposition und ihrer Verschriftlichung bzw. Verbildlichung sein.
In den Methoden ab S. 72 finden sich Vorschläge, ein „klassisches" Kompositionsprinzip nachzuvollziehen und selbst umzusetzen, sowie eine Kurzanleitung für das Songwriting als Beispiel für eine eher popmusikalisch/jazzorientierte Herangehensweise.

Das selbstständige Entwickeln von Songs und die damit verbundene, mögliche „Karriere" übt auf Schüler/innen eine besondere Faszination aus. Durch gängige Casting-Shows und Stars aus den sozialen Netzwerken werden aus Schülersicht viele, von der Musikindustrie zunächst unbeachtete Talente und Formen individueller Leistung sichtbar. Dies kann die Überzeugung, dass in jedem ein Talent steckt, begünstigen und zu hohen Leistungen ermutigen.

Zur Organisation des Musikunterrichts

Das Gelingen des Musikunterrichts ist wesentlich von den methodischen Komponenten bei der Gestaltung von Rahmenbedingungen und Organisationsprozessen abhängig. So kann die Vorbereitung des Raumes, der Instrumente, des zusätzlichen Equipments und der Abläufe entscheidend sein für den Lernprozess und -erfolg und letztlich Unterrichtsstörungen bedingen oder vermeiden.

Zu den **Hauptfaktoren,** die bei der Organisation des Musikunterrichts eine Rolle spielen, zählen folgende Aspekte:

- Gestalt, Größe und Funktionalität des Musikraumes,
- Ausstattung,
- Aufbewahrungs- und Beschriftungssysteme,
- Rituale, Rollen, Routinen und Regeln,
- zeitliche Disposition.

In beengten Räumen muss Platz für Tanz und Bewegung geschaffen werden. Hier helfen eingeübte Routinen – etwa in Form von vorher zusammengestellten „Räumkommandos", um rasch Schultaschen, Tische und Stühle zur Seite zu räumen. Die Einführung regelmäßig wiederkehrender Abläufe (Stuhlkreis, Kinobestuhlung, Gruppen in Raumecken, 5er-, 6er-Gruppen) hilft, wertvolle Zeit zu sparen. Auch bei dem Austeilen und Einsammeln der Instrumente und des Equipments sind klare Abläufe hilfreich. Die Zeitplanung für das Üben, Durchspielen oder Präsentieren von Gruppenergebnissen bedarf einer realistischen Einschätzung, jedoch sollte bei aller kleinschrittigen und detaillierten Planung auch Spielraum für unvorhergesehene Ereignisse gelassen werden. Dabei müssen insbesondere ungünstige Raumverhältnisse mitbedacht werden, etwa wenn Nebenräume nur durch schmale Zugänge erreichbar sind. Notenständer können an der Wand ausgeklappt und griffbereit aufgehängt, häufig benutzte Gegenstände und Instrumente in beschrifteten Regalen und Schränken gut erreichbar positioniert werden, selten benutztes Equipment wird sinnvollerweise in Nebenräumen gelagert.
Kabel sind mit Klettverschluss versehen und können an Wandhaken oder auf Kabeltrommeln aufbewahrt werden. Schlägel passen in Blechdosen oder sind in Wandhalterungen verstaut. Plastikkisten (z. B. aus dem Baumarkt) können schwere Holzkisten und Schubladen ersetzen, häufiger benötigte Ersatzteile (z. B. Saiten) müssen vorrätig und gut erreichbar sein. Schweres Equipment wie Verstärker werden auf rollbaren Brettern transportiert oder mit Rollen versehen.

Zu den Lernzielen des Musikunterrichts gehört auch das Wissen, wie man sich in einem musikalischen Ensemble verhält und welche Abläufe hierzu gehören, z. B.:

Anregungen für Regeln:

- Bei der Instrumentenausgabe beginnt die Fensterseite, es folgt die Türseite von vorne nach hinten (in den unteren Klassen eventuell unterstützt und später ersetzt durch Symbol-/Farbkarten).

- Wenn ein Instrument geholt wurde, wird es abgestellt und nicht gespielt.
- Vor Beginn des Musizierens und in Erklärphasen ist es still.
- Während des Musizierens wird nicht gesprochen – dies gilt auch für den Lehrer und die Lehrerin.
- Für bestimmte Situationen gelten besondere nonverbale Zeichen, um z. B. Gruppen hinzu- oder wegzunehmen, für Steuerungsimpulse zu lauterem oder leiserem bzw. schnellerem und langsamerem Spiel, für das Einzählen, für Endings oder Breaks. Für Unterbrechungen wird ebenfalls ein nonverbales Zeichen vereinbart, z. B. Hände über den Kopf halten.
- Es gibt Phasen gemeinsamen Übens und Spielens, Phasen individuellen Übens und Erklärphasen.

Das Verhalten in einem musikalischen Ensemble ist vielen Schüler/innen unbekannt und benötigt daher – wie auch der Einsatz von neuen, bisher unbekannten Methoden – ausreichend Gelegenheit zur Einübung und Festigung.

Umgang mit Rhythmen

Ziel der Methode
Rhythmen über verschiedene Lernwege einstudieren

Einsatzmöglichkeiten
Rhythmen erarbeiten

Vorbereitung
Karten mit unterschiedlichen Rhythmen erstellen (komplett, mit Lücken, blanko, als Wortkarten …)

Sozialform
Plenum bzw. Partner-/Einzelarbeit (Varianten)

Stufe
für alle Jahrgangsstufen

Beschreibung
Oft besteht die Einstudierung von Rhythmen in einem wenig abwechslungsreichen Vor- und Nachmachen (Lehrkraft – Schüler/in / Schüler/in – Schüler/in). Vorgemachte Rhythmen können auch im Notentext erkannt, präsentierte Rhythmen im Notentext ergänzt oder komplett notiert werden. Zudem können die Schüler/innen – je nach Können und Wissen – eigene Patterns erfinden und notieren (ggf. dafür einzelne Rhythmusbausteine vorgeben).

Tipps

- Grundsätzlich soll bei der Einstudierung von Rhythmen das Metrum bzw. der Puls hörbar/sichtbar durchlaufen.
- Es empfiehlt sich, zuerst in einem langsamen, stabilen Tempo zu üben.
- Die Wahl sinnvoller Abschnitte, ein sukzessiver Aufbau sowie die Kombination komplementärer Rhythmen eines Arrangements erleichtern die Erarbeitung wesentlich.
- Die Unterlegung von Rhythmen mit passenden Wörtern (Verbalisierung) und Notentexte, in denen z. B. die Grundschläge eingezeichnet und eventuelle Pausen markiert sind (Visualisierung), können beim Musizieren unterstützen.
- Bei Pausen können „lautlose“ Ersatzbewegungen die Umsetzung fühlbar machen und somit erleichtern.

- Loops als Einstudierungsvariante „in Schleife" fördern eine konzentrierte Arbeitsatmosphäre und erzeugen einen rhythmischen Flow.
- Mit Bodypercussion kann das Spiel auf Instrumenten zielführend und mit allen Schüler/innen einer Klasse vorbereitet werden.
- **Internettipp:** Auf der Website des bayerischen LehrplanPLUS für Musik an der Realschule steht im Serviceteil für die 6. Jahrgangsstufe das Stomp-Stück „Upcycling – ein außergewöhnliches Müllkonzept" als Download zur Verfügung.
- **Literaturtipp:** Grillo, Rolf (2011): Rhythmusspiele der Welt: Musikalische Spielmodelle für die Rhythmusarbeit in Gruppen. Rum/Innsbruck: Helbling.

Varianten

- Rhythmen können auf den Rücken eines Partners/einer Partnerin geklopft werden, um sie leichter zu „verinnerlichen".
- Die Lehrkraft oder ein/e Schüler/in spielt verschiedene, vorgegebene Rhythmen vor. Die Mitschüler/innen bestimmen hörend die dazu passenden Rhythmuskarten aus einem Stapel.
- Rhythmus-Bingo: Die Schüler/innen haben eine Tabelle mit mehreren Rhythmen vor sich. Immer wenn sie einen Rhythmus, den die Lehrkraft vorklatscht, wiedererkennen, markieren sie diesen auf dem Blatt. Wer zuerst alle Rhythmen erkannt hat, hat gewonnen (in Einzel- oder Partnerarbeit möglich).
- Den Ziffern 0 bis 9 ist jeweils ein eintaktiges Rhythmuspattern zugeordnet. Die Schüler/innen klatschen eine Zahlenfolge, z. B. ihr Geburtsdatum, und die Mitschüler/innen bestimmen, um welche Zahlenfolge es sich handelt (Partner-, Gruppenarbeit oder Plenum möglich).

Musik und Mathematik: vom Zählen zum Groove

Ziel der Methode
Schnell und niederschwellig in gemeinsame Musizierprozesse kommen, die Aufmerksamkeit fokussieren und bewusst hören

Einsatzmöglichkeiten
Beispiel für Aleatorik (Zufallskomposition) vorstellen, Takt, Metrum und Rhythmus üben, als Ausgangspunkt für die Entwicklung einer gemeinsamen Performance verwenden, zur Auflockerung für zwischendurch nutzen

Material
Alltagsgegenstände und/oder Musikinstrumente, auch über Stimmeinsatz oder Bodypercussion umsetzbar

Vorbereitung
–

Sozialform
Plenum, Kleingruppe

Stufe
für alle Jahrgangsstufen

Beschreibung
Die Schüler/innen wählen eine Zahl zwischen 1 und 8. Außerdem entscheiden sie sich entweder für ein Geräusch mit einem Alltagsgegenstand oder mit einem Körperteil, für einen Ton auf einem Musikinstrument oder für eine kurze, stimmliche Äußerung (z. B. schnalzen, pfeifen).
Während die Lehrkraft nun langsam und wiederholt von 1 bis 8 zählt, führen die Schüler/innen ihre jeweilige musikalische Aktion bei der entsprechenden Zahl („Zählzeit") aus. Aus der zufälligen Gemeinschaftsaktion entsteht somit ein kollektiver Rhythmus – die Verbindung mit den Zahlen hilft bei der Orientierung und Koordination der eigenen Aktion und unterstützt beim Einhalten von Pausen.

Tipps Die Aufmerksamkeit der Teilnehmenden kann durch verschiedene Impulse unterschiedlich fokussiert und das Musikerleben und Zusammenspiel somit intensiviert werden:

- „Hört bewusst auf den entstehenden Rhythmus über die gesamte Zahlenfolge hinweg."
- „Finde andere Spieler/innen, die auf derselben Zählzeit wie du spielen".

Varianten

- Es wird in doppeltem/halbem Tempo gezählt.
- Jeder Schüler/jede Schülerin spielt auf zwei Zählzeiten.
- Die Schüler/innen spielen frei improvisierend zu dem entstandenen Rhythmus-Pattern.
- Zu dem entstandenen Rhythmus wird gesungen oder eine Bewegungsfolge entwickelt.
- Die Zahlenfolge und der Rhythmus werden lediglich gedacht und daher geräuschlos „in der Luft" bzw. „mit Luft" umgesetzt.
- Anstelle musikalischer Aktionen kann auch mit Wörtern und Sprachsilben gearbeitet werden. Während ein Schüler/eine Schülerin z. B. auf die Zählzeiten 1 und 4 das Wort „Eis" spricht, entscheidet sich eine Mitschülerin, das Wort „Schublade" auf die Zählzeiten 1, 3 und 4 („Schub ___ la de") oder 1 und 4 („Schub ___ ___ lade") zu sprechen. Die Begriffe können hierbei thematisch unterschiedlich, frei gewählt oder vorgegeben sein, z. B. Tiere, Namen, Fantasiesilben.
- Die Lehrkraft oder ein/e Schüler/in imitiert mit den Armen den Minutenzeiger einer Uhr. Der Zeiger läuft bei jedem Durchgang in einem anderen Tempo. Die gewählten Geräusche müssen aber an derselben „Zeigerposition" platziert werden. Zum einen ist so das Klangbild einfach zu variieren, zum anderen kann jeder in der Klasse zum „Dirigenten" werden.

Chop-Sticks-Circle: Rhythmus und Rhythmik mit Essstäbchen

Ziel der Methode
Schnell, niederschwellig und mit geringem Materialeinsatz in gemeinsame Musizier- und Gestaltungsprozesse kommen

Einsatzmöglichkeiten
Als Vorübungen für das Schlagzeugspiel (für die Stickhaltung) einsetzen; kreative Geräuschmöglichkeiten entdecken; Metrum, Takt und Rhythmus entdecken; als Ausgangspunkt für die Entwicklung einer gemeinsamen Performance verwenden; zur Auflockerung für zwischendurch nutzen

Material
Holzsticks, besonders empfehlenswert: ca. 40 bis 45 cm lange asiatische Essstäbchen, die Chop Sticks. Vorteile: geringes Gewicht, angenehme Haptik und reduzierte Lautstärke im Vergleich zu Schlagzeugsticks

Vorbereitung
ein Stuhl und ein Paar Chop Sticks pro Schüler/in

Sozialform
Plenum

Stufe
für alle Jahrgangsstufen und Gruppengrößen einsetzbar

Beschreibung
Jede/r in der Klasse erhält ein Paar asiatische Essstäbchen. Diese werden zwischen Zeigefinger und Daumen gehalten.

Vorübung: Um eine lockere Haltung zu begünstigen und den Fokus auf die Lehrkraft zu richten, folgen einige „Spiegelübungen“: Nach dem Vorbild der Lehrkraft werden die Arme (einzeln oder beide) mit den Sticks mehrmals locker fallen gelassen und wie bei einem Reaktionsspiel zügig nach oben gerichtet (waagrecht oder senkrecht, nur linker Arm, nur rechter Arm, ein Arm hoch, der andere nach unten). Die Schüler/innen kopieren die Bewegungen so rasch und exakt wie möglich und lernen dabei, ihre Aufmerksamkeit zu fokussieren.

Fortführung: Nun stellen sich die Schüler/innen hinter ihren Stuhl, um zunächst die Stuhllehne als Spielfläche für die Sticks zu verwenden. Dabei imitieren sie die Lehrkraft bei folgenden Aufgaben:

- Übungen für die rechte und linke Hand:
  LLR oder RRL – LLRRLLRR_LRLRLRLR etc.
- Übungen nach Vorbild der Lehrkraft unter Verwendung weiterer Schlagflächen des Stuhls (z. B. Sitzfläche, Stuhlseiten, Stuhlbeine)

Nun erfinden die Schüler/innen reihum eigene kurze, eintaktige Rhythmuspatterns, die von der Gruppe und dem/der Ausführenden im Sinne des Drum-Circle-Prinzips selbst unmittelbar wiederholt werden.

Tipps

- Die Bewegungen der Lehrkraft sollten zur besseren Gruppensteuerung eher groß und übertrieben sein.
- Ein vereinbartes Stillesignal (z. B. beide Sticks über den Kopf halten) hilft dabei, die eigene Stimme zu schonen.
- Die Schüler/innen sollten ggf. auf die Einhaltung einer verträglichen Lautstärke hingewiesen werden.

Varianten

- Es wird geräuschlos, d. h. nur nach visueller Gestaltung, vor- und nachgespielt.
- Die einzelnen Patterns der Schüler/innen werden jeweils wiederholt und nach und nach durch einzelne Patterns der Mitschüler/innen ergänzt.
- Jede/r spielt wiederholt ihren/seinen eigenen Rhythmus, so dass sich ein gemeinsamer Gruppengroove entwickelt.
- Die Rhythmuspatterns werden zur Veranschaulichung und für einen späteren, wiederholten Einsatz mit Kreuzen von links nach rechts in verschiedenen Zeilen beispielhaft notiert:

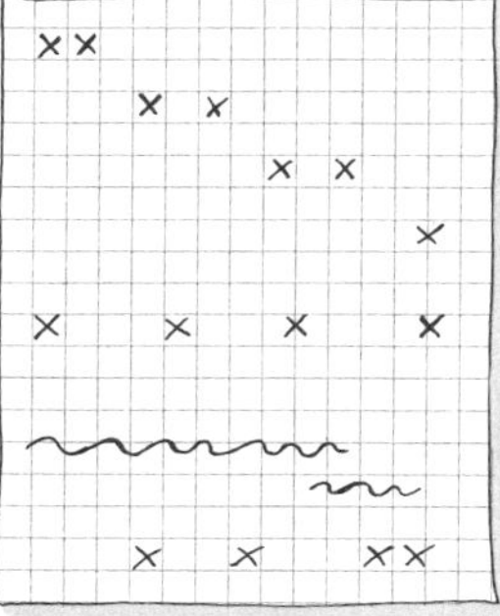

„Ohren auf" – Methoden des aktiven Musikhörens

Ziel der Methode(n)

Hörschulung (Da es nicht die *eine* Methode zur Hörschulung gibt, bewusstes Hören auf unterschiedliche Zusammenhänge zielt und die Hörgewohnheiten und -erfahrungen der Schüler/innen z. T. stark variieren, werden im Folgenden verschiedene Methoden vorgestellt.)

Einsatzmöglichkeiten

Werkkunde, Musikgeschichte, Analyse, Musiktheorie

Material

Auf den Entwicklungsstand und die Vorkenntnisse der Schüler/innen sowie auf den musikalischen Sachverhalt bezogene Hörbeispiele, weiteres Material abhängig von der Methode (s. u.)

Vorbereitung

Organisation geeigneter Hörbeispiele, je nach Methode weitere Vorbereitung nötig

Sozialform

Je nach Methode: Einzelarbeit, Partnerarbeit, Plenum

Stufe

für alle Jahrgangsstufen und Gruppengrößen einsetzbar

„Liedbrücke"

Vor dem Hören wird ein melodisch oder inhaltlich passendes Lied erlernt (z. B. „Geh im Gässle rauf und runter" als Hinführung zur „Paukenschlagsinfonie" – Sinfonie Nr. 94 G-Dur von J. Haydn, 2. Satz). Hinführende Lieder können auf historischen Vorlagen oder auf eigenen Kompositionen und Textierungen beruhen, z. B.:

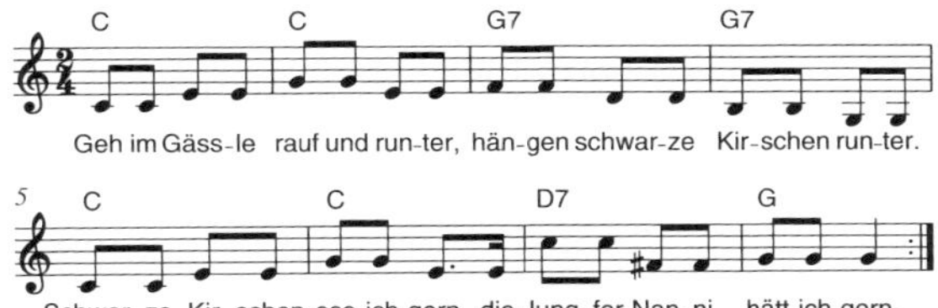

(trad. Volkslied aus Kärnten, Notat: Daniel Mark Eberhard)

Tipps

- Lassen Sie die Schüler/innen anstelle vorgegebener Texte selbst Texte verfassen, mit deren Hilfe sie sich thematisches oder motivisches Material besser einprägen können. Auch oder gerade Nonsenstexte sind als Erinnerungshilfe zulässig!
- Über die textliche Hilfe hinaus bieten sich zum besseren Einprägen auch Bewegungen an, z. B. in unteren Jahrgangsstufen das Mitdeuten des Melodieverlaufs mit der Fingerspitze in der Luft.
- **Literaturtipps:**
  Biegholdt, Georg (Hrsg.) (2019): Aktives Musikhören. Praxisbuch zur Rezeptionsdidaktik im Musikunterricht. Rum/Innsbruck: Helbling.
  Eberhard, D. M. (2016): Musik unterrichten, planen, durchführen, reflektieren. Berlin: Cornelsen.
  Lemmermann, Heinz (1977): Musikunterricht: Hinweise, Bemerkungen, Erfahrungen, Anregungen. Bad Heilbrunn: Klinkhardt.
- **Internettipp:**
  Ministerium für Schule und Weiterbildung des Landes Nordrhein-Westfalen. Fachdidaktische Hinweise Musik Grundschule. Musik hören. © 2019 Qualitäts- und UnterstützungsAgentur – Landesinstitut für Schule (QUA-LiS NRW) (im Internet unter Schulentwicklung NRW zu finden).

Varianten

- „Auffälligkeitssammlung“
  Die Schüler/innen äußern sich zunächst frei zum Hörbeispiel und geben den Gesamteindruck wieder. Anschließend werden Auffälligkeitsmerkmale (z.B. Tempo, Lautstärkewechsel, Klänge, Instrumente) gesammelt, fixiert, geordnet, ergänzt, verglichen und reflektiert. Gezielte Höraufgaben können angeschlossen werden.
  Material/Vorbereitung: Kopiervorlage „Musikalischer Steckbrief“ (S. 26), Stifte

- „Zuordnungsverfahren“
  Die Schüler/innen ordnen Hörbeispiele verschiedenen Bildern, Gegenständen, Titeln von Stücken, Situationen, Zielgruppen, Verwendungszwecken zu.
  Material/Vorbereitung: Bilder, Gegenstände, Wortkarten/Folien mit passenden und unpassenden Begriffen

- „Teilrealisation"
  Ein Ausschnitt aus einem Werk wird mit Instrumenten, Stimme, Bodypercussion, Alltagsgegenständen etc. mitmusiziert.
  Material/Vorbereitung: Identifikation eines geeigneten Werkausschnitts, ggf. Instrumente, Alltagsgegenstände, Bodypercussion-Choreografie

- „Transposition"
  Die Schüler/innen setzen ihre Höreindrücke in Bewegung, Tanz, szenisches Spiel, Bild, Farben, Standbild oder Marionettenspiel um (z. B. Umsetzung von „Marsch der Zinnsoldaten" oder „Tanz der Zuckerfee" aus der „Nussknacker-Suite" von P. I. Tschaikowski mit selbst gebastelten Figuren).
  Diese Methode eignet sich v. a. bei hohen Anforderungen an die Verbalisierung der Höreindrücke. Besondere Formen sind die Erstellung von grafischen Notationen und interaktiven Klangpartituren, die später im Gegensatz zu einem Bild noch veränderbar sind (z. B. Nachgestaltung eines Melodieverlaufs durch Steine auf einem Blatt Papier).
  Material/Vorbereitung: ggf. Bewegungsvorschläge/Choreografie (kann auch durch Schüler/innen entwickelt werden), thematisch passendes Bastelmaterial, Stifte/Papier, Steine

- „Parakomposition"
  Vor oder nach der Behandlung eines Hörstücks (z. B. Programmmusik; formal klares oder kontrastreiches Musikstück) wird mit einfachen instrumentalen Mitteln eine eigene Komposition angefertigt, die in den Grundzügen mit dem Werk übereinstimmt (z. B. programmatisch, formbezogen, parameterbezogen).
  Material/Vorbereitung: je nach Musikstück charakteristisches Instrumentarium, ggf. auch Alltagsgegenstände

- „Notenbilder/Partituren verstehen und verfolgen"
  Die Schüler/innen erhalten Notenbilder und Partiturausschnitte, die in verschiedene Teile (z. B. nach Takten, nach Notenzeilen oder Notensystemen) zerschnitten wurden. Hörend erkennen nun die Schüler/innen die korrekte Anordnung und sortieren die Teile in der richtigen Reihenfolge.
  Material/Vorbereitung: Die „Puzzleteile" können alternativ auch von Schüler/innen im Unterricht erstellt werden.

Kopiervorlage

Musikalischer Steckbrief

Wie könnte das Musikstück heißen?

___

Der Originaltitel des Musikstücks lautet:

___

Welche Eigenschaften des Musikstücks fallen dir auf? Kreuze an:

- ☐ langsam
- ☐ ruhig
- ☐ traurig
- ☐ laut
- ☐ abwechslungsreich
- ☐ freundlich
- ☐ mit Gesang
- ☐ schnell
- ☐ aufgeregt
- ☐ lustig/fröhlich
- ☐ leise
- ☐ gleichförmig/langweilig
- ☐ unfreundlich
- ☐ ohne Gesang

Das habe ich außerdem gehört:

___

___

___

___

Diese Schulnote (von 1 bis 6)
würde ich dem Musikstück geben: ☐

Daniel Mark Eberhard, Martina Raab · Das schnelle Methoden 1x1 Musik. Illustration: Shutterstock/handini_atmodiwiryo

Polaritätsprofil

Ziel der Methode
Musik nach einem ersten Höreindruck in Hinblick auf ihre Wirkung einschätzen

Einsatzmöglichkeiten
Musikgeschichte, Werkanalyse

Material
Polaritätsprofil mit entsprechender Adjektivauswahl

Vorbereitung
Polaritätsprofil in Papierform kopieren

Sozialform
Einzelarbeit

Stufe
für alle Jahrgangsstufen

Beschreibung
Die Lehrkraft präsentiert den Schüler/innen ein ausgewähltes Musikbeispiel mit dem Auftrag, zu entscheiden, welche Adjektive ihrer Meinung nach passen. So ergibt sich in der Klasse meist ein aussagekräftiges Bild, wie die ausgewählte Musik wirkt. Nach diesem niederschwelligen Einstieg, in dem die Meinung jeder Person zählt, kann untersucht werden, welche musikalische Mittel für diese Wirkung verantwortlich sind.

Tipps
- Zum Ankreuzen wird eine gerade Anzahl von Möglichkeiten vorgegeben. So können sich die Schüler/innen nicht für die Mitte entscheiden, sondern müssen eine „gewisse" Position beziehen.
- Verschiedene Quiztools können auch so gestaltet werden, dass sie als „digitale Polaritätsprofile" genutzt werden können. Der Vorteil dabei ist, dass die Auswertung ohne Zusatzaufwand, z. B. als Balkendiagramm, visualisiert wird.
- Auf der Website des bayerischen LehrplanPLUS für Musik an der Realschule steht im Serviceteil für die 9. Jahrgangsstufe eine Unterrichtssequenz zu dem Werk „Mugam Sayagi" von Frangis Ali-Sade als Download zur Verfügung. Darin wird auch ein Polaritätsprofil verwendet.

Kopiervorlage

Polaritätsprofil zur Einschätzung eines Musikstücks

Diese Musik/dieses Musikstück soll eingeschätzt werden:

____

____

Entscheide dich, inwiefern ein Adjektiv deiner Meinung nach auf das gewählte Musikstück zutrifft. Kreuze an:

bewegt	☐	☐	☐	☐	☐	☐	eintönig
vertraut	☐	☐	☐	☐	☐	☐	neu
nervös	☐	☐	☐	☐	☐	☐	ruhig
zerstreut	☐	☐	☐	☐	☐	☐	kompakt
komplex	☐	☐	☐	☐	☐	☐	einfach

Fallen dir weitere Eigenschaftspaare ein?
Dann trage sie hier ein und kreuze deine Einschätzung an:

______	☐	☐	☐	☐	☐	☐	______
______	☐	☐	☐	☐	☐	☐	______
______	☐	☐	☐	☐	☐	☐	______
______	☐	☐	☐	☐	☐	☐	______
______	☐	☐	☐	☐	☐	☐	______
______	☐	☐	☐	☐	☐	☐	______

Daniel Mark Eberhard, Martina Raab · Das schnelle Methoden 1x1 Musik.

Hörpartitur

Ziel der Methode
Ein Werk oder einen Werkausschnitt in Hinblick auf bestimmte Aspekte möglichst genau hören

Einsatzmöglichkeiten
Werkbesprechungen

Material
Vorlage für Hörpartitur (Zeitleiste, Tabelle – pro Instrument eine Zeile, pro Takt eine Spalte ...), Stifte oder unterschiedliche Spielsteine

Vorbereitung
Vorlagen kopieren, überschaubaren Musikausschnitt bereitstellen

Sozialform
Einzelarbeit, Partnerarbeit

Stufe
für alle Jahrgangsstufen

Beschreibung
Beim Erstellen einer Hörpartitur können zeitlich vergängliche Ereignisse in der Musik visualisiert werden. So kann etwa in einer Hörpartitur fixiert werden,

- wie die Besetzung gestaltet ist,
- wie sich die Dynamik und/oder die Tonhöhe entwickelt,
- wie Rhythmen gestaltet sind oder
- welchen Charakter Melodien haben.

Dabei spielt nicht nur die Auswahl von Symbolen für bestimmte musikalische Ereignisse eine Rolle, sondern auch die Farbauswahl: z. B. warme Farben für lyrische Passagen in der Musik, kalte Farben für Cluster ...
Um eine aussagekräftige Hörpartitur zu erhalten, wird ein mehrmaliges konzentriertes Hören unerlässlich sein.

Tipps

- Sie sollten vor dem Erstellen einer Hörpartitur klären, welche Darstellungsformen (z. B. Punkte für kurze Klänge/Geräusche, Linien für längere Phrasen) sinnvoll sind.
- Auf der Website des bayerischen LehrplanPLUS für Musik an der Realschule steht im Serviceteil für die 9. Jahrgangsstufe eine Unterrichtssequenz zu dem Werk „Mugam Sayagi“ von Frangis Ali-Sade als Download zur Verfügung. Darin wird auch eine Hörpartitur gestaltet.

Varianten

Hörpartituren können nicht nur gemalt, sondern auch mit (Spiel-) Steinen gelegt werden. Der Vorteil ist dabei, dass Veränderungen leichter vorgenommen werden können. Das Ergebnis wird am Ende fotografiert und damit fixiert.

Hör-/Betrachtungsaufträge

Ziel der Methode
Erschließung von Musikstücken über Hör- und Betrachtungsaufträge, die die Aufmerksamkeit des Hörers gezielt lenken

Einsatzmöglichkeiten
Werkhören, singen und musizieren

Material
Aufnahme des entsprechenden Musikstücks

Vorbereitung
Hör-/Betrachtungsaufträge formulieren oder mit H5P Werkausschnitte vorbereiten

Sozialform
Einzelarbeit, Plenum

Stufe
für alle Jahrgangsstufen

Beschreibung
Jedes Hör-/Videobeispiel benötigt im Musikunterricht einen Hörauftrag, um der Komplexität audio-visueller Wahrnehmung eine bestimmte Richtung zu geben. Dieses „Credo des Musikunterrichts“ soll die Schüler/innen zu einem bewussten Wahrnehmen von Musik anleiten. Hör-/Betrachtungsaufträge können sich auf verschiedene Parameter wie z. B. die Dynamik, die Besetzung, den Aufbau etc. in der Musik beziehen oder auch emotionale, assoziative bzw. sensomotorische Aufgaben umfassen.

In der Regel werden Hör-/Betrachtungsaufträge an den Klassenverband gerichtet. Einzelne Schüler/innen tragen anschließend ihre Eindrücke vor. Decken sich diese mit den Erwartungen der Lehrkraft, nimmt der Unterricht häufig seinen weiteren Lauf, ohne die präsentierte Stelle erneut anzuhören. Ein Teil der Schüler/innen hat es aber unter Umständen noch nicht geschafft, den Werkausschnitt hörend/betrachtend zu durchdringen. Deshalb kann das Tool „H5P“ zum Bearbeiten von Hör-/Betrachtungsaufträgen eingesetzt werden. H5P ist eine freie und quelloffene Software; Sie können sich im Internet darüber informieren.

Über Tablets/Laptops, die jeweils für ein Schülertandem zur Verfügung stehen, greifen die Schüler/innen auf von der Lehrkraft mit Hör-/Betrachtungsaufträgen vorbereitete interaktive Videos zu. Sie sind so programmiert, dass das Video an der Stelle stoppt, an der ein Auftrag gestellt wird. Die Aufträge können verschieden gestaltet werden. Zur Verfügung stehen z. B. Multiple-Choice-Aufgaben, Lückentexte, Zuordnungen …

Die Schüler/innen erhalten im Anschluss an eine Aufgabe sofort ein Feedback. Bereitet ihnen eine Aufgabe Schwierigkeiten, können sie eine Stelle mehrmals hören und im individuellen Tempo arbeiten. Praktisch ist auch die Möglichkeit, Querverweise einzufügen. Dadurch können Links gesetzt werden, die etwa auf eine Seite verweisen, auf der musikalische Fachbegriffe erklärt werden.

Durch die Tandems ist ein sofortiger Austausch über das Gehörte möglich. Nach der Bearbeitung der Hörauftrage sollte ein Gespräch über die gehörte Musik im Plenum stattfinden.

Tipps

- Klinkensplitter/Kopfhörerverstärker ermöglichen das Anschließen von mehreren Kopfhörern an ein Gerät.
- Auf der Website des bayerischen LehrplanPLUS für Musik an der Realschule steht im Serviceteil für die 6. Jahrgangsstufe ein Beispiel für den Einsatz von H5P zum 1. Satz aus „Der Frühling" von Antonio Vivaldi als Download zur Verfügung.

Varianten

Gibt es an der Schule nicht genügend Tablets oder Laptops, kann über ein Stationenlernen, das verschiedene Aspekte eines Werks thematisiert (z. B. Komponist, Partitur, Entstehungsgeschichte …), die Anzahl der benötigten Geräte reduziert werden.

Portfolio

Ziel der Methode
Selbsttätige und intensive Auseinandersetzung mit einem Thema, indem Pflicht- und Forscheraufgaben schriftlich bearbeitet werden

Einsatzmöglichkeiten
Musik in unserer Umgebung, Musik und Medien, Musikgeschichte

Material
Kopiervorlage

Vorbereitung
Die Lehrkraft führt in das Thema ein und bereitet entsprechende Pflicht- und Forscheraufgaben für die Schüler/innen vor.

Sozialform
Einzelarbeit

Stufe
ab Klasse 6

Beschreibung
In einem Portfolio bearbeiten die Schüler/innen verschiedene, verbindliche Pflichtaufgaben und frei wählbare „Forscheraufgaben" zu einem Thema und dokumentieren ihre Ergebnisse in einer ansprechend gestalteten Mappe. Die Schüler/innen können sich auch selbst eine Forscheraufgabe zu dem vorgegebenen Thema überlegen.
Das Portfolio kann folgendermaßen aufgebaut werden:
- Deckblatt,
- Inhaltsverzeichnis,
- Einleitung,
- Pflichtaufgaben,
- Forscheraufgaben,
- Reflexion.

Tipps
- Zu Beginn nicht zu viele Aufgaben stellen, um die Schüler/innen nicht zu überfordern.
- Portfolios können bewertet werden, wenn vorher die Bewertungskriterien offen gelegt wurden.

Varianten
Portfolios können auch als Lapbooks gestaltet werden (siehe S. 44).

Kopiervorlage

Portfolio zum Thema: Musik in der Freizeit

A. Pflichtaufgaben

1. Erstelle eine Tabelle, aus der hervorgeht, wer in deiner Klasse welches Instrument spielt oder singt. Tipp: Vergiss dich selbst nicht!

2. Recherchiere zu den folgenden Fragen rund um den Instrumentalunterricht:
- Wo und mit wem kann man ein Instrument lernen?
- Was kostet der Unterricht?
- Wie oft findet der Unterricht statt?
- Welche Voraussetzungen musst du erfüllen, damit du Unterricht bekommen kannst?
- Wie oft muss man üben? Welche Vorkenntnisse werden benötigt?

Finde eine übersichtliche Form, um deine Ergebnisse zu präsentieren (Cluster, Diagramme, informierende Texte …).

3. Befrage Mitschüler/innen oder andere Menschen aus deinem Umfeld dazu, warum sie in ihrer Freizeit Musik machen oder warum nicht. Fasse die wichtigsten Antworten schriftlich zusammen oder erstelle ein Tondokument mit Auszügen aus den Interviews.

4. Jetzt wird es praktisch: Bereite allein, in Partner- oder Gruppenarbeit eine musikalische Darbietung vor der Klasse vor. Du kannst etwas vorsingen oder vorspielen. Du kannst wählen:
- Dokumentiere deinen/euren Lernprozess durch Tonaufnahmen.
- Führe ein Probentagebuch und notiere, wann und wie lange du übst.
- Reflektiere nach dem Vorspiel, was gut oder weniger gut geklappt hat und was beim nächsten Mal anders sein sollte.

B. Forscheraufgaben

1. Erstelle einen „musikalischen Stadtplan“ von der Gemeinde/der Stadt/dem Landkreis deiner Umgebung zu Musik in der Freizeit:
- Wo wird musiziert?
- Wo gibt es Livemusik?
- Welche Musikgruppen oder Chöre gibt es? …

Markiere betreffende Orte in einer Karte und schreibe jeweils eine Erläuterung dazu.

2. Erstelle eine Presseschau über musikalische Events, die in einer bestimmten Zeit in deiner Umgebung stattfinden. Ordne die Zeitungsmeldungen nach den Sparten der Musik: klassische Musik, Volksmusik, Rockmusik etc. Unterscheide zwischen Musik in der Freizeit und professionellen Musikauftritten.

3. Besuche selbst ein Konzert und stelle den/die Auftretenden und ihre Musik genauer vor.

Daniel Mark Eberhard, Martina Raab · Das schnelle Methoden 1x1 Musik

Marktplatz

Ziel der Methode
Teilinformationen zu einem Thema aufnehmen und weitergeben, Teilinformationen zu einem „Ganzen“ zusammensetzen

Einsatzmöglichkeiten
Musikgeschichte, Komponistenporträts, Informationen zum Lied ...

Material
Infokärtchen (Textschnipsel)

Vorbereitung
Informationen schülergerecht „portionieren“

Sozialform
Einzelarbeit, Partnerarbeit

Stufe
für alle Jahrgangsstufen

Beschreibung
In der Klasse soll ein bestimmtes Thema bearbeitet werden. Dazu werden vier bis sechs Gruppen gebildet. Jedes Gruppenmitglied bekommt eine Teilinformation zu einem Unterthema, die auf ein Kärtchen geschrieben ist. Jede/r Schüler/in erhält dabei eine gut zu bewältigende, überschaubare Information, die er/sie in ein bis zwei Minuten verinnerlichen kann.
Anschließend folgt eine Austauschphase mit den Mitschüler/innen, die sich andere Informationen merken mussten. So weiß am Ende der Arbeitsphase jedes Gruppenmitglied über verschiedene Aspekte eines Themenbereichs Bescheid.

Tipps

- Die Texte müssen so formuliert sein, dass sie unabhängig voneinander verstanden werden können. Die Schüler/innen sollen die Informationen aus dem Gedächtnis wiedergeben und sich nicht nur gegenseitig vorlesen.
- Die verschiedenen Texte werden auf unterschiedlich farbiges Papier gedruckt. So wissen die Schüler/innen, mit wem sie sich austauschen müssen, um alle Informationen zu bekommen.
- Ist die Klasse noch ungeübt oder hat größtenteils Schwierigkeiten, Texte zu verstehen, können sich zunächst die Schüler/innen, die gleiche Sachverhalte gelesen haben, in der Gruppe austauschen. Zudem kann anhand des Schwierigkeitsgrades der Texte gut differenziert werden.

Varianten

Bei der Methode „Kugellager" stehen sich die Schüler/innen im Kreis gegenüber und rotieren so lange, bis jede/r alle Informationen gehört hat.

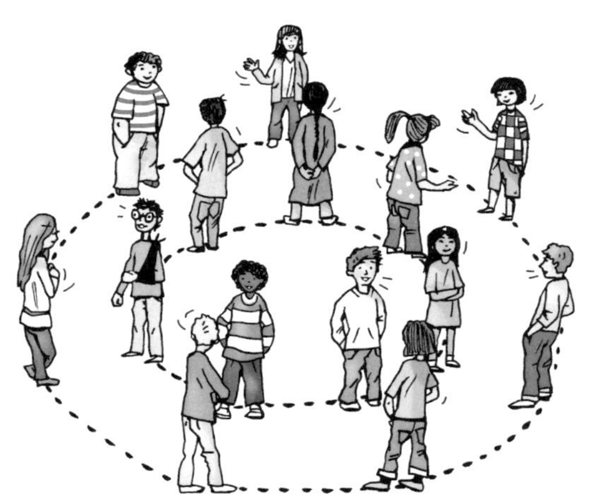

Placemat

Ziel der Methode
Aktivierung von eigenem Vorwissen und Erweiterung des Wissens durch den Austausch mit anderen

Einsatzmöglichkeiten
Werkbesprechungen (Höraufträge), Komponistenporträts, Themen, bei denen verschiedene Meinungen eingebracht werden sollen

Material
Vorlage für Placemat mit Arbeitsauftrag

Vorbereitung
Vorlagen kopieren

Sozialform
Einzelarbeit, Gruppenarbeit, Plenum

Stufe
für alle Jahrgangsstufen

Beschreibung
Das Placemat (= Platzdeckchen) zählt zu den kooperativen Arbeitsformen.
Die Schüler/innen finden sich in (Vierer-)Gruppen zusammen. Zunächst notiert jeder einzelne – ohne sich mit den anderen Gruppenmitgliedern auszutauschen – sein Wissen bzw. seine Meinung zu der gestellten Aufgabe.

Eine Aufgabenstellung nach dem Besuch einer Musiktheateraufführung könnte lauten: „Du sollst eine Kritik über das besuchte Stück verfassen. Sammle Aspekte, die dir dafür wichtig erscheinen."
Dann tauschen sich die Teammitglieder untereinander aus und notieren ihre gemeinsame Lösung oder ihr gemeinsames Statement im Gruppenfeld.
Abschließend bringt jede Gruppe das Ergebnis des Placemats im Plenum ein.
Der Vorteil dieser Methode ist, dass jede/r Schüler/in erst einmal in Ruhe selbst überlegen kann und nicht von „vorlauteren" Schüler/innen „überrumpelt" wird.

Tipps
- Klare Zeitvorgaben für die einzelnen Phasen vermeiden Leerlauf.
- Vorlagen für Placemats finden Sie im Internet.

Lernspiele

Ziel der Methode
Spielerische Erarbeitung von neuen Inhalten oder spielerisches Üben von bereits Gelerntem

Einsatzmöglichkeiten
Musiktheorie, Musikgeschichte, Musik in unserer Umgebung

Material
Lernspiele in Klassenstärke

Vorbereitung
Lernspiele in Klassenstärke basteln bzw. digital zur Verfügung haben

Sozialform
Partnerarbeit, Gruppenarbeit

Stufe
für alle Jahrgangsstufen

Beschreibung
Lernspiele eignen sich je nach Ausführung und mit Blick auf ihren jeweiligen Wettbewerbscharakter zum Erarbeiten, Üben und Vertiefen von Lerninhalten. Dies gilt insbesondere
- für musiktheoretische Kenntnisse,
- für die Erarbeitung neuer Sachverhalte (z. B. Musik in unserer Umgebung, Musikgeschichte),
- für die Wiederholung und Sicherung (Musiktheorie, Musikgeschichte, Musik in unserer Umgebung etc.).

Dabei können alle gängigen Spiele (Quiz, Gedächtnisspiel, Domino, Quartett, Brettspiele, Bingo ...) mit „musikalischen" Inhalten gefüllt werden.

„Im Musiktheater/Konzert" –
ein Würfelspiel mit Ereignis- und Infokarten:
Es wird in Vierergruppen gespielt. Auf einem Spielplan mit eingetragenen Info- bzw. Ereignisfeldern ziehen die Schülerinnen und Schüler je nach Würfelpunkten ihre Spielfigur vom Eingang (= Start) bis zum Schlussapplaus (= Ziel). Wer auf ein Infofeld kommt, zieht eine entsprechende Karte und liest sie vor. Ihr Inhalt hilft beim Ausfüllen eines Arbeitsblatts. Wer auf ein Feld mit E (= Ereigniskarte)

trifft, muss eine Ereigniskarte ziehen und die Aufgabe erfüllen. Wer mit seiner Spielfigur beim Schlussapplaus ankommt, muss möglichst rasch ein Arbeitsblatt ausfüllen. Wer damit zuerst fertig ist, gewinnt!
Das Beispiel für den Spielplan kann beliebig erweitert und abgewandelt werden. Kopiervorlagen mit Beispielen für Ereignis- und Infokarten sowie ein Arbeitsblatt für das Spielende finden Sie auf S. 40 bis 43.

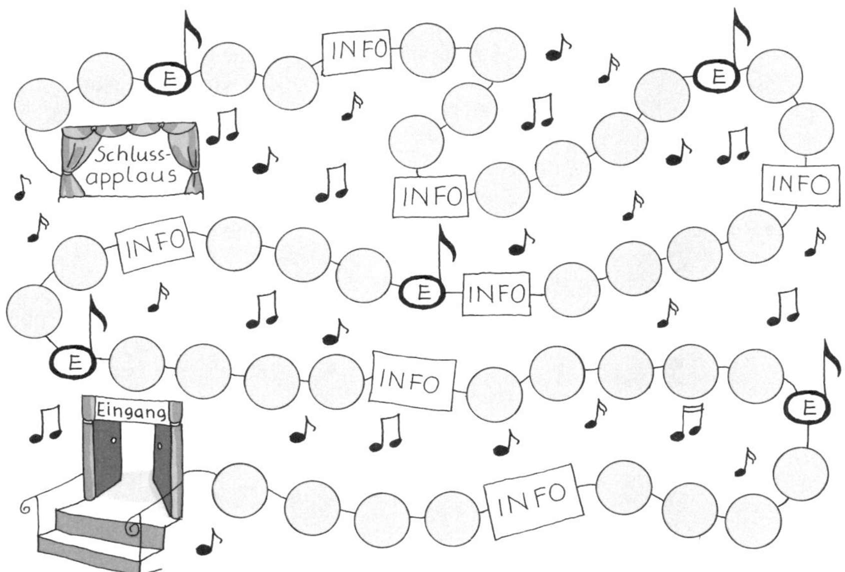

Tipps

- Es empfiehlt sich, die Karten pro Spiel in verschiedenen Farben anzufertigen. So können sie leichter geordnet werden.
- Aufträge, die das Geübte bzw. das Erlernte abprüfen, gehören noch zum Spiel. Nur derjenige gewinnt, der auch die Aufgabe(n) korrekt lösen kann, nicht zwingend der Schnellste.
- Mit passenden Computerprogrammen (siehe Internet) können Quizze digital gestaltet werden.
- Auf der Website des bayerischen LehrplanPLUS für Musik an der Realschule steht im Serviceteil für die 6. Jahrgangsstufe ein Quartett über Komponisten der Barockzeit zur Verfügung.

Kopiervorlage

Im Musiktheater/Konzert – ein Würfelspiel

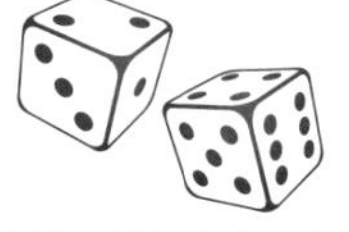

Ereigniskarten

Du findest deine Eintrittskarte plötzlich nicht mehr und musst sie suchen. **Eine Runde aussetzen.**	Du wolltest dein Getränk in den Zuschauerraum mitnehmen. Das Saalpersonal schickt dich zurück, weil das nicht erlaubt ist. **Gehe zurück zum Eingang.**	Du hast, wie bei einem Konzert- oder Theaterbesuch üblich, deine Jacke schon an der Garderobe abgegeben. **Gehe ein Feld vor.**
Du bist einem Mitschüler behilflich, der seinen Platz nicht findet. **Gehe drei Felder vor.**	Du bist im falschen Rang gelandet. **Gehe ein Feld zurück.**	Du hast daran gedacht, dir ein Programmheft zu kaufen. **Gehe zwei Felder vor.**
Du klatscht bei einem Musikwerk zwischen dem ersten und zweiten Satz. **Eine Runde aussetzen.**	Die Solistin hat dir so gut gefallen, dass du dir am Bühnenausgang noch ein Autogramm von ihr geben lassen willst. **Gehe zwei Felder vor.**	Du hast vergessen, dein Handy auszuschalten. Es klingelt laut. **Eine Runde aussetzen.**

Daniel Mark Eberhard, Martina Raab: Das schnelle Methoden 1x1 Musik. Illustration: Shutterstock/Titov Nikolai

Infokarten

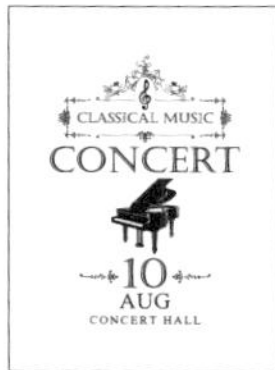

Programmheft
Im Programmheft sind bei einem Konzert die Werke aufgelistet, die gespielt werden. Außerdem gibt es Informationen zu den Musikern. Bei einer Musiktheateraufführung kann man Informationen zum Stück und zum Inhalt nachlesen.

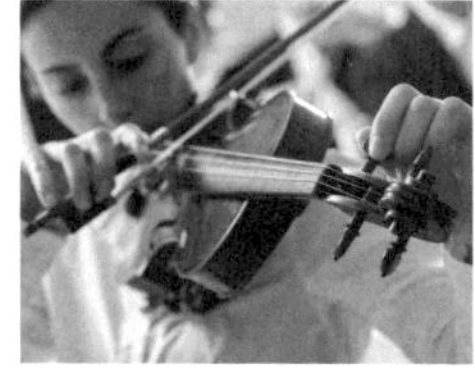

Das Stimmen
Bevor die Musikerinnen und Musiker zu spielen beginnen, müssen sie ihre Instrumente stimmen, damit ihr Zusammenspiel sauber klingt. Im Orchester gibt in der Regel die Oboe ein a` (Kammerton a) vor, an dem sich die anderen beim Stimmen orientieren.

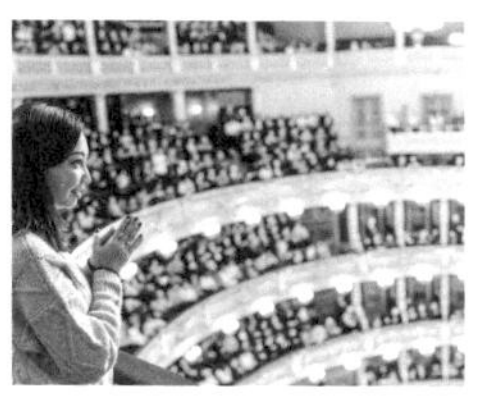

Rang
Der Zuschauerraum eines Theaters oder eines Konzertsaals weist oft mehrere Stockwerke auf. Diese werden Ränge genannt.

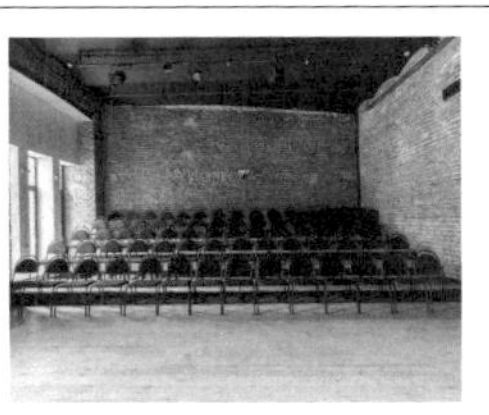

Parkett
Das Parkett ist der Teil des Zuschauerraums in einem Theater oder Konzertsaal, der sich direkt vor der Bühne befindet.

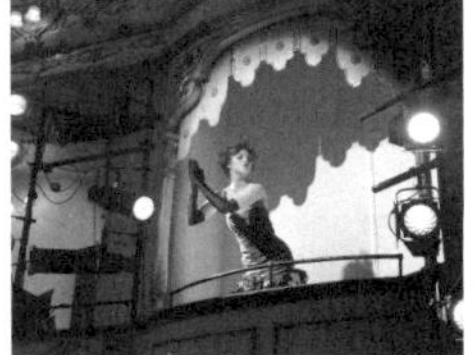

Loge
Logen sind abgeschlossene kleine „Zimmer" im Zuschauerraum eines Theaters oder eines Konzertsaals, die zur Bühne hin offen sind.

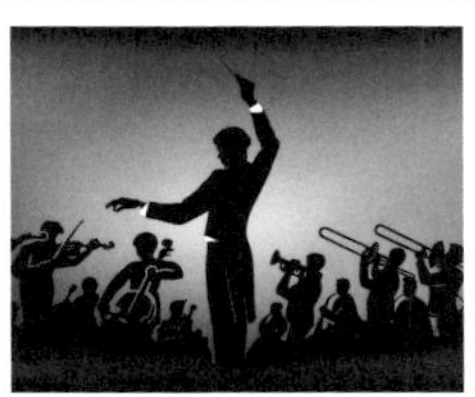

Orchester
Bei einem Orchester handelt es sich um eine Gruppe von Instrumentalisten/-innen, die zusammen musiziert. Einzelne Stimmen sind mehrfach, also chorisch, besetzt.

Daniel Mark Eberhard, Martina Raab · Das schnelle Methoden 1x1 Musik. Illustration v. oben links im Uhrzeigersinn: Shutterstock/pasevem; Shutterstock/Stokkete; Shutterstock/frantic00; Shutterstock/Haarkus; Shutterstock/sirtravelalot; Shutterstock/Fusionstudio

Kopiervorlage

Infokarten

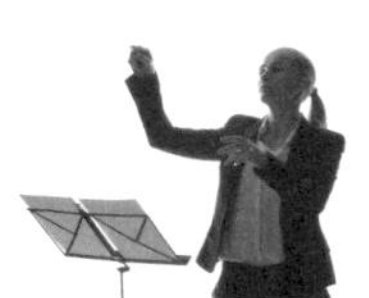

Dirigent/in
Der Dirigent/die Dirigentin leitet das Orchester und ist sozusagen der Chef/die Chefin. Zu seinen/ihren Aufgaben gehört es z. B., den Musiker/innen die Einsätze zu geben.
Er/Sie koordiniert das Zusammenspiel des gesamten Orchesters.

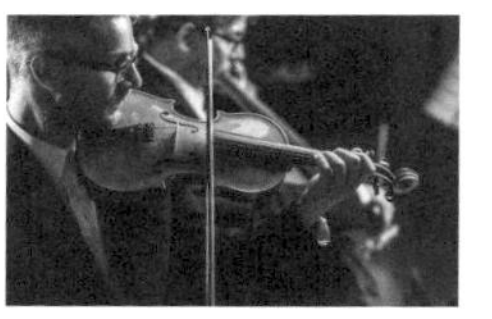

Konzertmeister/in
Der Konzertmeister oder die Konzertmeisterin ist der Geiger, der am ersten Pult außen sitzt, also ganz vorne beim Dirigenten. Er gibt nach dem Begrüßungsapplaus das Zeichen zum Stimmen der Instrumente. Außerdem legt er z. B. den sog. „Strich" fest.

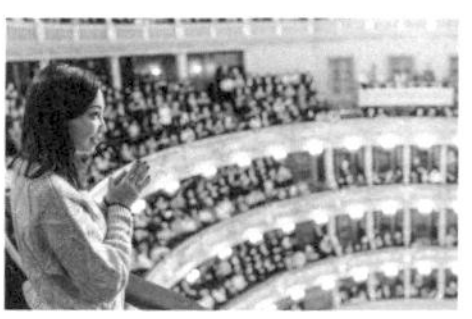

Partitur
Die Partitur zeigt alle Stimmen eines Musikstücks untereinander angeordnet.
Die Anordnung der Instrumente in der Partitur entspricht der Sitzordnung der Musiker im Orchester. Die Instrumente der vorn Sitzenden sieht man auf der Partiturseite unten.

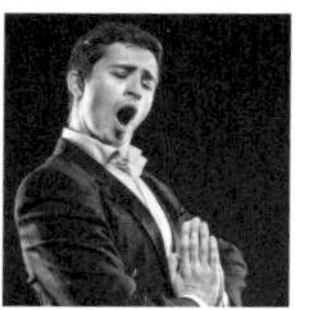

Solist/in
Der Solist bzw. die Solistin tritt als Musiker/in oder Tänzer/in alleine auf oder steht bei einer Darbietung im Vordergrund.

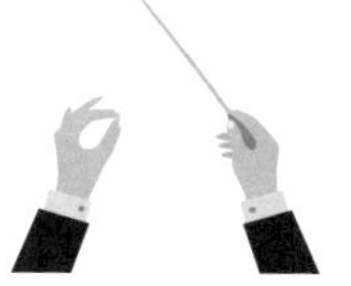

Taktstock
Um präziser schlagen und leise Stellen besser anzeigen zu können, verwendet der Dirigent/die Dirigentin, wenn es sich um Instrumentalmusik handelt, meist einen Taktstock.

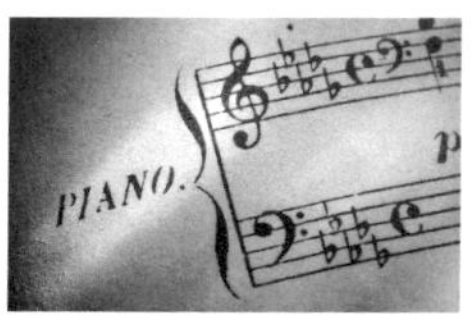

Einzelstimme
Die Musiker/innen spielen nicht aus der gesamten Partitur, sondern aus einer Einzelstimme. Darin steht nur, was sie mit ihrem Instrument jeweils zu spielen haben. In sog. „Stichnoten" sind wichtige Passagen anderer Instrumente notiert, damit man etwa nach Pausen den Einsatz leichter findet.

Daniel Mark Eberhard, Martina Raab: Das schnelle Methoden 1x1 Musik. Illustration v. oben links im Uhrzeigersinn: Shutterstock/Aquarius Studio; Shutterstock/Stokkete; Shutterstock/Maria Fomina; Shutterstock/MIGUEL G. SAAVEDRA; Shutterstock/Glinkskaya Olga; Shutterstock/Alex Tihonovs

Arbeitsblatt
Verbinde die Felder auf der linken Seite mit der zutreffenden Ergänzung. Trage die gefundenen Buchstaben der Reihenfolge von oben nach unten im Lösungswort ein.

Begriff		Buchstabe	Ergänzung
Logen		R	Das ist der Geiger, der am ersten Pult außen sitzt, also ganz vorne beim Dirigenten. Er gibt nach dem Begrüßungsapplaus das Zeichen zum Stimmen der Instrumente. Außerdem legt er z. B. den sog. „Strich“ fest.
Solist/in		Q	Der Zuschauerraum eines Theaters oder eines Konzertsaals weist oft mehrere Stockwerke auf. Diese werden so genannt.
Orchester		A	Die Musiker/innen spielen nicht aus der gesamten Partitur, sondern aus einem Teil. Darin steht nur, was sie mit ihrem Instrument jeweils zu spielen haben. In sog. „Stichnoten“ sind wichtige Passagen anderer Instrumente notiert, damit man etwa nach Pausen den Einsatz leichter findet.
Einzel-stimme		E	Er/Sie leitet das Orchester und ist sozusagen der Chef/die Chefin. Zu seinen/ihren Aufgaben gehört es z. B., den Musiker/innen die Einsätze zu geben. Er/Sie koordiniert das Zusammenspiel des gesamten Orchesters.
Rang		✋	Es sind abgeschlossene kleine „Zimmer“ im Zuschauerraum eines Theaters oder eines Konzertsaals, die zur Bühne hin offen sind.
Taktstock		U	Um präziser schlagen und leise Stellen besser anzeigen zu können, verwendet der Dirigent/die Dirigentin, wenn es sich um Instrumentalmusik handelt, meist dieses Hilfsmittel.
Dirigent/in		U	Darin sind bei einem Konzert die Werke aufgelistet, die gespielt werden, und es werden Informationen zu den Musikern gegeben. Bei einer Musiktheateraufführung kann man Informationen zum Stück und zum Inhalt nachlesen.
Programm-heft		C	Er/Sie tritt als Musiker oder Tänzer alleine auf oder steht bei einer Darbietung im Vordergrund.
Konzert-meister/in		E	Teil des Zuschauerraums in einem Theater oder Konzertsaal, der sich direkt vor der Bühne befindet.
Parkett		L	Hierbei handelt es sich um eine Gruppe von Instrumentalisten/-innen, die zusammen musiziert. Zumindest einzelne Stimmen sind mehrfach, also chorisch, besetzt.

Lösungswort:

✋ __ __ __ __ __ __ __ __ __ __ sind Personen, die für Geld applaudieren.

Lapbook

Ziel der Methode
Intensive, individuelle Auseinandersetzung mit einem Musikstück

Einsatzmöglichkeiten
Musikhören

Material
Faltvorlagen, Tonpapier, Papier in verschiedenen Farben und Größen, Musterklammern, Stifte, Schere, Klebestift

Vorbereitung
Faltvorlagen und Papier bereitstellen, Aufgabenstellungen auswählen

Sozialform
Einzelarbeit (Partner-/Gruppenarbeit)

Stufe
für alle Jahrgangsstufen

Beschreibung
Ein Lapbook ist eine mehrfach aufklappbare Mappe, in die kleine Faltbücher, Leporellos, Taschen, Pop-ups etc. eingeklebt sind.
Lapbooks erfreuen sich nicht nur im Deutsch- oder Sachunterricht zunehmender Beliebtheit, sie eignen sich auch für den Einsatz beim Musikhören im Musikunterricht. Hier setzen sich die Schüler/innen bastelnd, malend und schreibend mit einem musikalischen Werk auseinander. Dabei tragen sie während des Hörens durch konkrete Aufgabenstellungen gesteuert wichtige Erkenntnisse sowie persönliche Meinungen zum Musikstück schriftlich und zeichnerisch ein.
Lapbooks sind in Regel- wie auch in Inklusionsklassen einsetzbar, da die (Hör-)Aufgaben so offen gestellt werden können, dass sie auf unterschiedlichem Niveau lösbar sind. Sie können von Zeichnungen oder einzelnen, aufgeschriebenen Wörtern bis hin zu längeren Texten und differenziertem Wortschatz für leistungsstärkere Schüler reichen.

Bei der Erarbeitung umfangreicherer Musikwerke strukturiert das Lapbook das Gesamtwerk in verschiedene Teilthemen, denen jeweils eine Präsentationsform im inneren Teil des Lapbooks zugeordnet ist. Dabei steht es den Schüler/innen frei, an welcher Stelle sie die Präsentationsformen in der Innenseite ihres Lapbooks einkleben.

Die Teilthemen können sich z. B. beziehen auf:
- emotionale oder assoziative Wirkungen,
- die Handlung,
- die Personen,
- die instrumentale Besetzung,
- die Struktur und den Formverlauf,
- die Melodie,
- das Tempo,
- den Rhythmus oder
- den Komponisten/die Komponistin.

Damit wird das Gesamtwerk aus vielen verschiedenen Blickwinkeln betrachtet. Eine gemeinsame Präsentation der Arbeitsergebnisse rundet den Einsatz dieser Methode ab und gibt den Schüler/innen Gelegenheit, ihre Hörbegegnung mit dem Musikstück reflektierend zu verbalisieren.

Tipps

- Für die erfolgreiche Arbeit mit dem Lapbook ist es wichtig, dass die Schüler/innen den Umgang mit den Präsentationsformen, wie z. B. den Leporellos oder Faltbüchern, bereits kennen und ihnen ausreichend Zeit für die Gestaltung zur Verfügung steht.
- Bei der ersten Erarbeitung eines Lapbooks ist es hilfreich, wenn die Außenseite gemeinsam gefaltet wird und die Faltschritte in den verschiedenen Stadien zusätzlich gut sichtbar im Raum angebracht werden.
- Im Internet finden Sie viele Beispiele für fertige Lapbooks und für Faltelemente.
- Lapbooks können auch in Partner- oder Gruppenarbeit hergestellt werden, um die gemeinschaftliche Arbeit der Schüler/innen sichtbar zu machen.
- Ein kleineres Lapbook kann in einer Stunde erstellt werden, wenn es wenig Aufwand erfordert. Ein größeres Lapbook wird über mehrere Stunden hinweg erarbeitet und sukzessive erweitert, bis das Thema abgeschlossen wird.
- Das Lapbook eignet sich für programmatische Werke, wie z. B.
  „Peter und der Wolf“ (Sergei Prokofjew),
  „Karneval der Tiere“ (Camille Saint-Saëns),
  „Peer Gynt Suite“ (Edvard Grieg),
  „Die vier Jahreszeiten“ (Antonio Vivaldi),
  „Musikalische Schlittenfahrt“ (Leopold Mozart),
  aber auch für die Behandlung von Komponistenbiografien und -œuvres.

Einstudierung von Instrumentalstimmen

Ziel der Methode
Instrumentalstimmen mit der gesamten Klasse einstudieren, auch wenn nicht für jede/n Schüler/in ein Instrument vorhanden ist

Einsatzmöglichkeiten
Klassenmusizieren

Material
Papiertastatur, Tastatur auf elektronischen Geräten, Papier- bzw. Oberschenkelxylophon, Pappgriffbrett eines E-Basses, Pappgriffbrett einer Gitarre oder „Luftgitarre", Stifte als Schlägel …

Vorbereitung
Entsprechendes Material basteln bzw. vervielfältigen

Sozialform
Einzelarbeit

Stufe
für alle Jahrgangsstufen

Beschreibung
In den meisten Schulen ist kein (halber) Klassensatz von jedem Instrument vorhanden, der beim Musizieren mit Klassen eingesetzt werden könnte. Um Leerlauf während der Einstudierung zu vermeiden, braucht man daher geeignete Hilfsmittel. Die Einstudierung von Rhythmuspatterns, die auf Schlaginstrumenten gespielt werden, wird häufig durch Bodypercussion vorbereitet. Auf der Ebene von „Tonhöhen" reicht der Körper als Hilfsmittel allerdings meist nicht mehr aus. Alternativ können Tastaturen, Xylophonstäbe auf Papier oder Pappgriffbretter als Ersatz für klingende Tastaturen bzw. Stabspiele oder E-Bässe und Gitarren dienen, um Stimmen zu visualisieren und einzustudieren. Das Üben findet dabei in einem Wechselspiel von individuellem und kollektivem Üben im gemeinsamen Tempo statt. Indem ein Schüler/eine Schülerin in den gemeinsamen Spielphasen gleichzeitig auf einem echten Instrument spielt, prägt sich nicht nur der Bewegungsablauf, sondern auch der charakteristische Klang der Melodie/des Instruments ein.

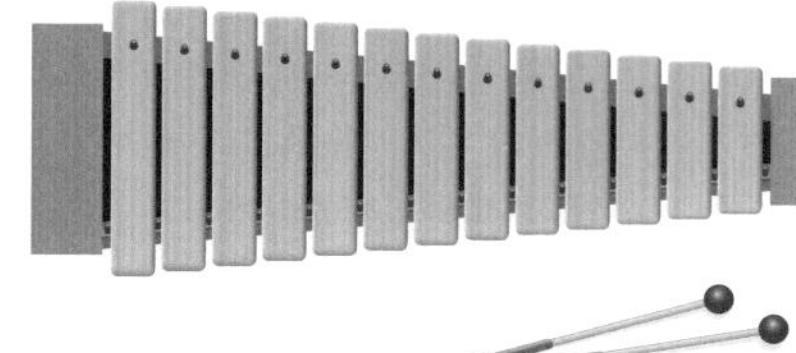

Tipps

- Die klingende Tastatur auf einem Tablet ist die eindeutig bessere Alternative zur stummen Papiertastatur.
- Um eine Stimme für Stabspiele, die nur wenige Töne umfasst, einzustudieren, eignen sich auch die Oberschenkel. Die Schüler/innen sitzen dazu am besten im Stuhlkreis. Die eigenen Oberschenkel und die des linken und rechten Sitznachbarn bekommen jeweils einen Ton zugeordnet.
- Den Fingern der linken Hand (außer dem Daumen) werden die vier Saiten des E-Basses zugeordnet, d.h., der Zeigefinger entspricht dem E, der Mittelfinger dem A, der Ringfinger dem d und der kleine Finger dem g. So kann die rechte Hand die Finger in der Reihenfolge und dem Rhythmus (allerdings ohne Greifen) der Basslinie zupfen und so den benötigten Ablauf üben.

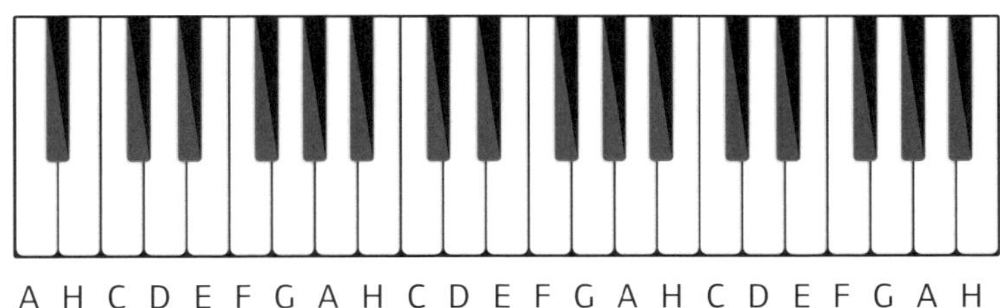

Mitspiel-Satz

Ziel der Methode
Zu einem Werk so musizieren, dass der Charakter und die Struktur der Musik erfasst werden

Einsatzmöglichkeiten
Werkbesprechungen

Material
Mitspielsatz, Aufnahme (evtl. in verschiedenen Tempi und mit hinzugefügtem Vorzähler), ggf. Instrumente

Vorbereitung
Aufnahme (siehe Material), Mitspielsatz (vgl. Umgang mit Rhythmen, Einstudierung von Instrumentalstimmen)

Sozialform
Einzelarbeit, Plenum

Stufe
für alle Jahrgangsstufen

Beschreibung
Mitspielsätze sind meist so angelegt, dass Strukturen eines Werkausschnitts durch das Mitmusizieren zum Original verinnerlicht werden. „Gute" Mitspielsätze erfassen rhythmische Besonderheiten, Kompositionsprinzipien, dynamische Abläufe und/oder auch die Besetzung eines Stücks. Das Mitspielen kann sich dabei auf kurze, charakteristische Motive/Riffs bis hin zu längeren Passagen beziehen.

Tipps
Das Mitspielen kann durch Instrumente geschehen, durch Bodypercussion-Grooves oder durch Bewegungsformen zur Musik ergänzt werden.
Bei Werken mit instrumentaler und vokaler Gestaltung kann eine Schulklasse so eingeteilt werden:

- in Instrumentalisten/-innen mit Boomwhackers, Stabspielen, Perkussionsinstrumenten,
- Bodypercussionisten/-innen,
- Sänger/innen und
- sich zur Musik bewegende Schüler/innen.

So lassen sich auch große Gruppen sinnvoll, individualisiert und handlungsorientiert in einen gemeinsamen Musizierprozess einbinden.

Kopiervorlage

Igor Strawinskij – Le sacre du printemps: Vorboten des Frühlings

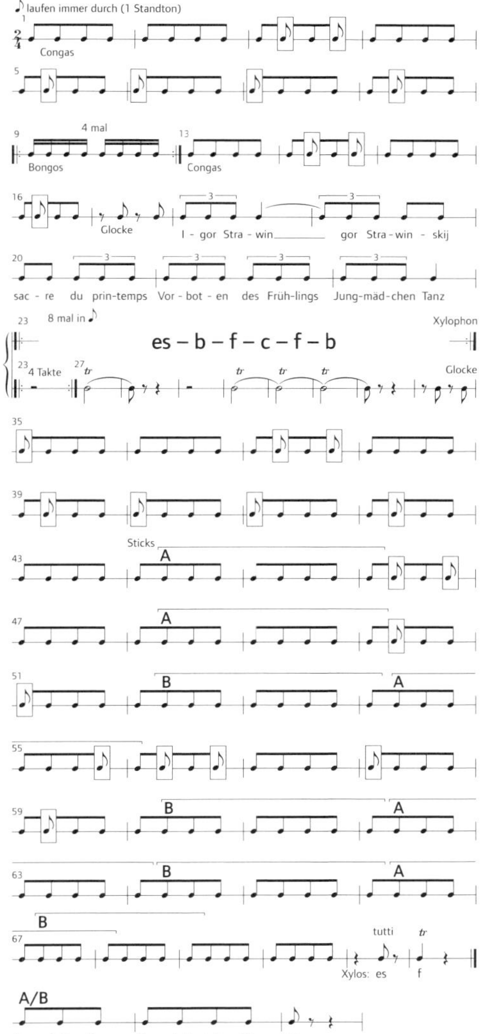

Mitspielsatz von Cornelia Linnhoff und Martina Raab aus: Akademie für Lehrerfortbildung und Personalführung Dillingen (Hrsg.): Percussionissimo. Percussion in der Sekundarstufe. Band 3, S. 68 und 69

Rhythmisches Sprechen und Rappen mit „Gromolo“

Ziel der Methode
Rhythmischer Umgang mit Sprache mit besonderem Fokus auf den Puls der Musik und den rhythmischen Flow

Einsatzmöglichkeiten
HipHop, Rap, Songwriting, Aktivierung für zwischendurch

Material
Fantasietexte

Vorbereitung
Playback (HipHop, Rap), Drumcomputer, Rhythmus-App, Keyboard-Rhythmuspattern

Sozialform
Plenum

Stufe
für alle Jahrgangsstufen

Beschreibung
Die Schüler/innen versuchen, einen sinnfreien Fantasietext zu sprechen und dabei ohne allzu starke kognitive Aktivierung und Überlegung von Wortauswahl und Sinngebung in einen rhythmischen Flow zu kommen. Auf der folgenden Seite finden Sie ein Beispiel für den sofortigen Einsatz.
Zur Unterstützung kann ein Drumcomputer, eine Rhythmus-App oder ein Drum-Groove eines Keyboards eingesetzt werden. Die Schüler/innen stehen dazu im Kreis und tragen – dem Vorbild der Lehrkraft folgend – zunächst ein- oder zweitaktige, dann auch längere Phrasen nacheinander, möglichst ohne Unterbrechung, vor.

Tipps

- Anstelle eines Fantasietextes können auch Zeitungsartikel verwendet werden. Dazu sucht sich jeder Schüler/jede Schülerin einen Textabschnitt aus, den er/sie vorab übt und dann zu einer Gruppenaktion (z. B. Bodypercussion, Bewegen zu Begleitmusik) vorträgt.
- Die Übung kann als Vorübung zum Songwriting (siehe „Vom Text zum Song“, S. 79) verwendet werden.

Varianten

- Als Vorübung zum musikbezogenen Sprechen/Rappen, zum Lockerwerden und Abbau von Hemmungen kann zunächst ohne Puls/Metrum geübt werden. Die Lehrkraft beginnt dabei einen Text in Fantasiesprache, zeigt auf eine/n Schüler/in, die den Text fortsetzt, das Signal weitergibt etc.
- Dem Fantasietext kann eine Stimmung unterlegt werden, z. B. traurig, fröhlich, ärgerlich, verliebt, verträumt.

Auszug aus dem Gedicht „Gadji Beri Bimba"
von Hugo Ball (1886–1927)

[...]

zimzim urallala zimzim urallala zimzim zanzibar zimzalla zam

elifantolim brussala bulomen brussala bulomen tromtata

[...]

tuffm im zimbrabim negramai bumbalo negramai bumbalo tuffm i zim

gadjama bimbala oo beri gadjama gaga di gadjama affolo pinx

gaga di bumbalo bumbalo gadjamen

gaga di bling blong

gaga blung

[...]

Aus: Hugo Ball: Sämtliche Werke und Briefe. Bd. 1. Gedichte. Herausgegeben von Eckhard Faul. Wallstein Verlag, Göttingen 2007

Liederarbeitung

Ziel der Methode
Ein Lied mit der Klasse einstudieren

Einsatzmöglichkeiten
Singen im Klassenverband

Material
Schülergerechtes Lied

Vorbereitung
Auswahl und Analyse des Liedes (Tonumfang, Tonlage, Melodieführung, Rhythmik, Harmonik, Thematik, Aktualität, Lebensweltbezug, Lehrplanbezug …)

Sozialform
Plenum

Stufe
für alle Jahrgangsstufen

Beschreibung
Bei Liederarbeitungen kann und muss man – je nach Lied und Zielgruppe – von unterschiedlichen methodischen Ausgangspunkten ausgehen. Im Folgenden werden daher verschiedene Möglichkeiten der Annäherung und Erarbeitung präsentiert.

Grundlegende Vorgehensweise: Nach der Präsentation und einem stimmlichen und körperlichen Warm-up, das – falls möglich – auf folgende Punkte Bezug nimmt:

- Textinhalt,
- Grundprinzipien einer bewussten Steh- oder Sitzhaltung,
- Atmung,
- Aktivierung des Zwerchfells,
- Lockerung der Muskulatur,
- Weitung der Resonanzräume sowie
- Besonderheiten des Liedes (z. B. Thema, Melodiebausteine),

wird das Lied in der Regel in Abschnitten einstudiert. Abhängig vom jeweiligen Lied bietet sich ein Einstieg mit dem Refrain oder der Strophe bzw. mit der Melodie, einem markanten Songteil (z. B. Pfeifen bei „Don't worry be happy", Bobby McFerrin), einem Gesangsostinato für die vokale Songbegleitung (z. B.

„Zwei kleine Wölfe"), einem markanten Rhythmuspattern (z. B. „Never give up", Sia), einer Begleitung mit Instrumenten (z. B. „Zusammen", Die Fantastischen Vier) oder auch dem Text an.
Je nach Schwierigkeitsgrad kann der Text zuerst rhythmisch gesprochen werden, die Melodie auf Silbe (ohne Text) erarbeitet werden. Schwierige Stellen werden extra herausgegriffen. Ist ein Ton z. B. zu tief, kann die Harmonisierung in der Begleitung etwa so zum Üben variieren, dass der zu tief gesungene Ton in der neuen Harmonisierung zum Leitton wird. Körperbewegungen, wie das nach unten Schwingen der Arme und das Beugen der Knie, helfen, hohe Töne mit der nötigen Weite und Leichtigkeit zu singen.
Auch eine klare Artikulation, eine angemessene Körperspannung und eine entspannte Atmung helfen beim richtigen Singen.

Tipps

- In der Regel gibt es immer ein paar Kinder bzw. Jugendliche in der Klasse, die nicht so gerne singen. Um auch diesen einen praktischen Umgang mit der eigenen Stimme zu ermöglichen, können Rap-Teile in Lieder eingebaut oder einzelne Abschnitte mit Vocussion begleitet werden.
- **Literaturtipp:** Mohr, Andreas: Handbuch der Kinderstimmbildung. Reihe „Studienbuch Musik". Mainz: SCHOTT MUSIC

Varianten

Methodisch kann sich die häufig praktizierte Vor- und Nachsingmethode („Papageienmethode") als kritisch erweisen, etwa wenn sich dadurch Fehler verfestigen oder gerade männliche Lehrer (mit nach unten oktavierter Singstimme) ein eingeschränkt geeignetes Vorbild sind. Alternativ lassen sich daher folgende Methoden anwenden und unterscheiden: **Ersingen von Liedern** (unbegleitet oder mit akkordischer Unterstützung), **Erarbeiten von Liedern,** z. B. über relative Solmisation, Tonika-Do-Methode, Rhythmussilben und -sprache.

Stufen der Liedbegegnung können sein:

- Einstimmung und thematische Hinführung,
- Höraufgaben,
- Liedtext,
- Melodieerarbeitung in Verbindung mit Stimmbildung,
- Darstellung der Liedform,
- Bewegung,
- Instrumentalspiel,
- Festigung,
- Präsentation.

Kopiervorlage

Singende Noten

Schau dir jede „singende Note“ an und trage daneben ein, was sie beim Singen falsch macht.

1. Körperhaltung

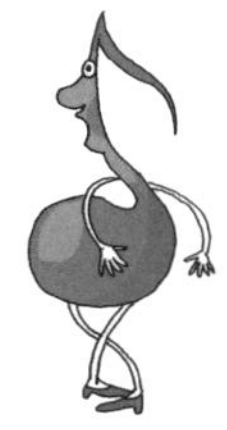

2. Atmung

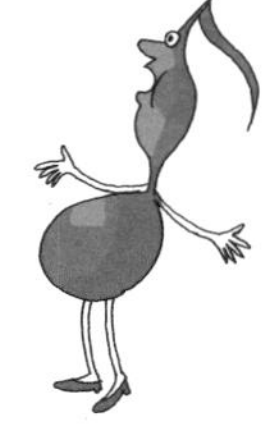

3. Artikulation

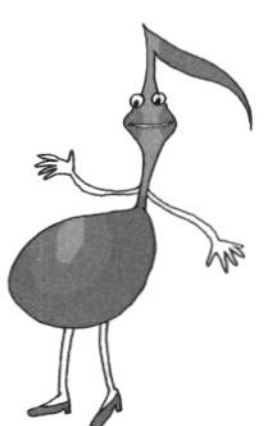

Darauf sollst du beim Singen achten, damit es schön klingt:

Das Bauprinzip einer Tonleiter

Ziel der Methode
Das Bauprinzip einer Tonleiter aus dem Tonvorrat eines Liedes ableiten

Einsatzmöglichkeiten
Musiktheorie, Musikpraxis, Werkanalyse

Material
Lied mit entsprechendem Tonvorrat auswählen, Klaviatur

Vorbereitung
Vorlagen kopieren

Sozialform
Einzelarbeit, Gruppenarbeit, Plenum

Stufe
für alle Jahrgangsstufen

Beschreibung
Zunächst wird das ausgewählte Lied mit der Klasse gesungen. Von diesem praxisorientierten Ausgangspunkt sind vielfältige Möglichkeiten der unterrichtlichen Weiterentwicklung und Vertiefung denkbar, z. B.

- Erarbeitung einer Instrumentalbegleitung oder eines Tanzes,
- Verfassen eigener Texte,
- Vergleich unterschiedlicher Interpretationen,
- Erarbeitung des Liedkontextes etc.

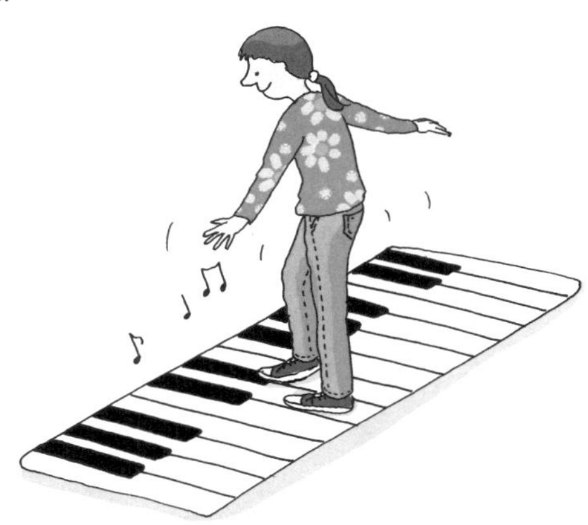

Im Folgenden wird auf eine analytische Herangehensweise Bezug genommen. Die Schüler/innen bestimmen die Tonhöhen des Liedes, ordnen diese vom tiefsten zum höchsten Ton im Oktavraum an. Nach einem Höreindruck der entstandenen Tonreihe bestimmen die Schüler/innen mit Hilfe einer Klaviatur den Abstand (Ganz-, Halbtonschritt) zwischen den einzelnen Tönen. Je

nach Tonvorrat des Liedes finden sie heraus, dass die Halbtonschritte z. B. zwischen dem 3./4. und 7./8. Ton (Durtonleiter) bzw. dem 2./3. und 5./6. Ton (natürliche Molltonleiter) liegen. Bei den restlichen Tonabständen handelt es sich um Ganztonschritte.
Abschließend geben sich die Schüler/innen gegenseitig einen Tonvorrat bzw. eine Tonleiter vor und entwickeln daraus eigene kleine Melodien. Bei dieser Vorgehensweise erleben die Schüler/innen Tonleitern nicht losgelöst von der Praxis, sondern in gegenseitiger Durchdringung von Theorie und Praxis.

Tipps

- Die Klaviatur ist äußerst hilfreich bei der Erarbeitung von Musiktheorie. Bevor sie allerdings verwendet werden kann, müssen die Schüler/innen wissen, wo sie welche Töne auf der Tastatur finden und wie sie Ganzschritte (eine Taste wird übersprungen) und Halbtonschritte (von einer Taste zur nächsten gehen) auf der Tastatur bestimmen können.
- Ein Bodenklavier bzw. eine Klaviermatte (im Fachhandel zu beziehen, siehe Abbildung auf der vorigen Seite) ermöglicht es, Ganz- und Halbtonschritte tatsächlich zu gehen.

Varianten

Arbeitet die Lehrkraft in der Klasse mit relativer Solmisation, ist eine Einführung darüber sinnvoll. Nicht nur Dur- und Molltonleitern können so erarbeitet werden, sondern auch andere Skalen.

Komponisteninterview

Ziel der Methode
Auseinandersetzung mit dem Leben und Schaffen eines Komponisten bzw. einer Komponistin

Einsatzmöglichkeiten
Musikgeschichte, Komponistenporträt

Material
Möglichkeit zur Internetrecherche, Schulbücher, Lexika

Vorbereitung
Laptops oder Tablets reservieren

Sozialform
Partnerarbeit

Stufe
ab Klasse 7

Beschreibung
Zunächst sammeln die Schülertandems Fragen, die sie der komponierenden Person gern in einem Interview stellen würden.
Anschließend suchen sie z.B. im Internet oder mit Hilfe von Schulbüchern und Lexika selbst Antworten auf ihre formulierten Fragen. So setzen sich die Schüler/innen intensiv und selbsttätig mit der Biographie eines Komponisten oder einer Komponistin auseinander. Die Interviews können abschließend vor der Klasse vorgetragen werden (evtl. im Rollenspiel) oder als Beitrag für eine Broschüre, die im Laufe der Unterrichtssequenz über eine Epoche entsteht, gestaltet werden.

Tipps
- Als Hilfestellung können vor der Recherche die Interviewentwürfe der Tandems im Plenum vorgestellt werden.

Varianten
- Die zusammengetragenen Informationen können auch in einem Hörspiel, in einem Comic … über die komponierende Person verarbeitet werden.

Kopiervorlage

Komponisteninterview: Beispiele für Fragen

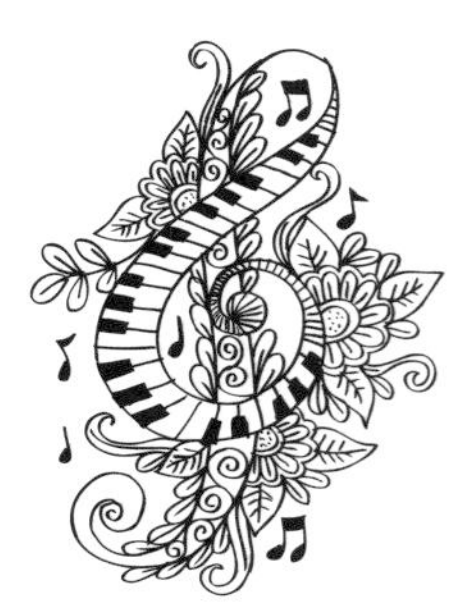

- Wie kamen Sie zum Komponieren?
- Wollten Sie schon immer Komponist/in werden?
- Wer waren Ihre Lehrer/Förderer?
- Woher haben Sie Ihre Ideen?
- Wodurch sind Sie berühmt geworden?
- Was kennzeichnet Ihren Kompositionsstil?
- Was ist an Ihrer Musik besonders?
- Können Sie von Ihrer Musik leben? Haben Sie noch einen weiteren Beruf?
- Was kommt Ihnen zuerst in den Sinn – die Musik oder der Text?
- Wie lange hat es gedauert, bis das Werk XY fertig war?
- Warum komponieren Sie?
- Was möchten Sie mit Ihren Kompositionen erreichen?
- Sind Sie im regelmäßigen Austausch mit Kollegen? Falls ja, mit welchen?
- Werden Sie durch andere Künstler/innen und Komponisten/-innen inspiriert? Falls ja, durch welche?

Daniel Mark Eberhard, Martina Raab · Das schnelle Methoden 1x1 Musik. Illustration: Shutterstock/handini_atmodiwiryo

Komponistensteckbrief

Ziel der Methode
Strukturierte und individualisierbare Auseinandersetzung mit Komponisten/-innen

Einsatzmöglichkeiten
Epochenüberblick und -vergleich, Musikgeschichte im Überblick, Vergleich klassischer Komponisten/-innen mit Persönlichkeiten aus dem Jazz/Pop/Rock-Bereich

Material
Siehe Kopiervorlage

Vorbereitung
Kopiervorlage kopieren, ggf. Lexika, Internet, Recherchematerial bereitstellen

Sozialform
Einzelarbeit

Stufe
für alle Jahrgangsstufen

Beschreibung
Üblicherweise geben der Lehrplan und das zu behandelnde Thema bzw. die Lehrkraft das Thema für die Auseinandersetzung mit Komponisten/Komponistinnen und ihren Biografien vor. Der „Komponistensteckbrief" lässt sich hier gut einsetzen. Er eröffnet auf Schülerseite auch strukturierte Möglichkeiten einer individualisierten Auseinandersetzung mit einem selbst ausgewählten Komponisten/einer Komponistin.
Um den individuellen Interessen der Schüler/innen Raum zu geben, bietet es sich an, eine größere Unterrichtsreihe zu verschiedenen Komponisten und Komponistinnen durchzuführen, welche später z. B. nach Epochen geordnet vorgestellt und miteinander verglichen werden.
Schüler/innen mit geringen musikgeschichtlichen Vorkenntnissen und Problemen bei der eigenverantwortlichen Entscheidung bekommen eine mögliche Auswahl an geeigneten Komponisten bzw. Komponistinnen. Die Erarbeitung eines Steckbriefes lässt unterschiedliche Herangehensweisen und einen leistungsangepassten Umgang zu, die auf die einzelnen Schüler/innen abgestimmt werden können. Bei einer offenen Recherchearbeit können sich die Schüler/innen selbstständig Informationen für ihren Steckbrief aus bereitgestellten

Quellen wie Bücher, Lexika und dem Internet erarbeiten. Auf dem Arbeitsblatt finden die Schüler/innen wichtige Anhaltspunkte, nach welchen Informationen sie gezielt suchen müssen.

Tipps

- Nicht nur „große Meister/innen" haben komponiert bzw. tun es noch. Es können auch weniger bekannte Musikerpersönlichkeiten beleuchtet werden.
- Ebenfalls ist denkbar, den Begriff auf den Jazz/Pop/Rock-Bereich auszuweiten und somit ein breites Portfolio an behandelten Persönlichkeiten zu entwickeln.

Varianten

- Die Steckbriefe können ausgestellt und durch Bilder, Texte etc. illustriert werden.
- Die Steckbriefe lassen sich in fiktive Accounts in sozialen Netzwerken umsetzen, in Chat-Form darstellen oder sie können zur Befüllung einer Internetseite dienen, so dass die erarbeiteten Informationen Weiterverwendung finden.
- Die Steckbriefe können Teil einer klassenübergreifenden Sammlung werden, die etwa für die Freiarbeit genutzt werden kann.

Kopiervorlage

Steckbrief für Komponisten und Komponistinnen

Name: ____________________

Geboren am: ____________ in: ____________

Gestorben am: ____________ in: ____________

Epoche: ____________________

Kompositionen (Beispiele mit Jahr und Titel): ____________________

____

____

Gespielte Instrumente: ____________________

Berufe: ____________________

Familie: ____________________

____

Wichtige Stationen im Leben (Was ist wann passiert?): ____________________

____

____

Was noch in der Zeit geschah: ____________________

____

Diese Quellen habe ich verwendet (Bücher, Zeitschriften, Internet):

____

____

(bei Bedarf auf der Rückseite weiterschreiben)

Werkausschnitte in Bilder umsetzen (Malen)

Ziel der Methode
Auseinandersetzung mit einem Werkausschnitt (z. B. das Programm oder die Struktur veranschaulichen)

Einsatzmöglichkeiten
Musikgeschichte, Werkanalyse

Material
Papier, Stifte

Vorbereitung
Werkausschnitt in sinnvolle Abschnitte unterteilen,
ggf. Platz zum Malen (Tische)

Sozialform
Einzelarbeit

Stufe
für alle Jahrgangsstufen

Beschreibung
Die Schüler/innen veranschaulichen in Bildern, die sie zu einem Werkausschnitt malen, was sie hören. Dies können konkrete Szenen sein (z. B. bei Programmmusik) oder abstraktere Stimmungen, vermittelt über die Farbauswahl oder graphische Strukturen (vgl. Hörpartitur).
Wichtig ist, dass der Hörausschnitt, zu dem gemalt werden soll, nicht zu lange dauert und vor dem Malen erst einmal komplett gehört wird. Der zugrunde liegende Hörauftrag richtet sich dabei auf eine mögliche bildnerische Umsetzung der wahrgenommenen Musik. Auch die Auswahl der Farben und Materialien (Wasserfarben, Holzstifte …) wird dabei bereits reflektiert. Bewährt haben sich im Musikunterricht Holzstifte, die in der Regel in jeder Schultasche zu finden und die praktisch zu handhaben sind.
Zudem soll das zu gestaltende Format, wenn es sich nur um eine Phase in einer Musikstunde handelt, nicht zu groß gewählt werden. Meist reicht der Platz in Postkartengröße (DIN A6) aus. Soll allerdings der Verlauf eines Stücks aufgezeichnet werden, kann auch die Rückseite einer Tapetenrolle verwendet werden.
Die Präsentation der Bilder kann über einen Galeriegang erfolgen (ohne dass die Schüler/innen etwas zu ihrem Bild sagen). Alternativ kann das Bild (z. B. Präsentation via Dokumentenkamera) als Grundlage für ein Gespräch über die

„gemalte Musik“ dienen. Die Visualisierung und Besprechung trägt schließlich zum tieferen Verständnis der Musik und ihrer (unterschiedlichen oder ähnlichen) Wahrnehmung bei.

Tipps Manche Schüler/innen nehmen das Malen zu Musik nicht ernst und kritzeln einfach irgendetwas auf das Blatt. Wird ihr Bild aber genauso ernsthaft besprochen wie das von anderen, geben sie sich in der Regel künftig mehr Mühe.

Varianten

- Schüler/innen malen gleichzeitig zu verschiedenen Ausschnitten eines Werkes, indem sie die Musik über Kopfhörer hören. Insgesamt entsteht so eine Bilderfolge, die das gesamte Stück visualisiert.
- Von Schüler/innen gemalte Bilder können – falls das Einverständnis besteht – in anderen Klassen den entsprechenden (Programm-) Musikausschnitten zugeordnet werden.

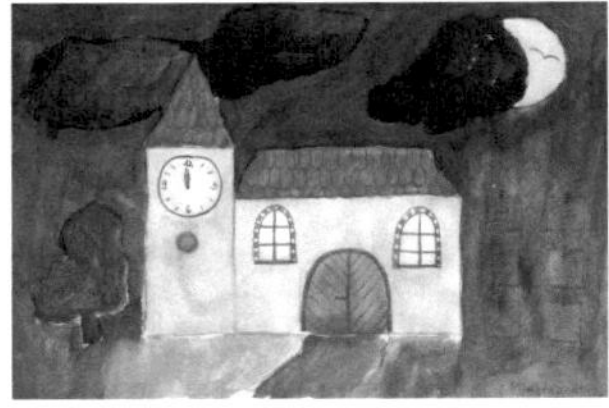

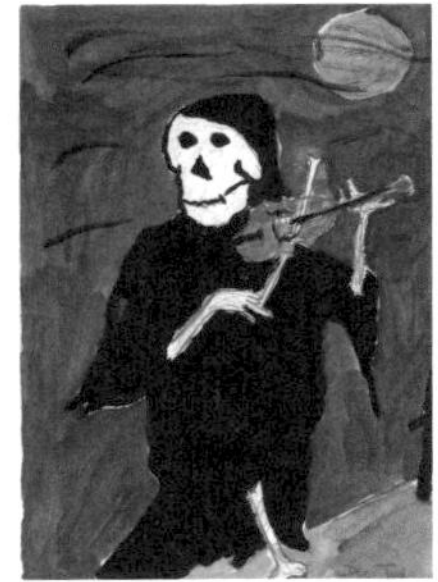

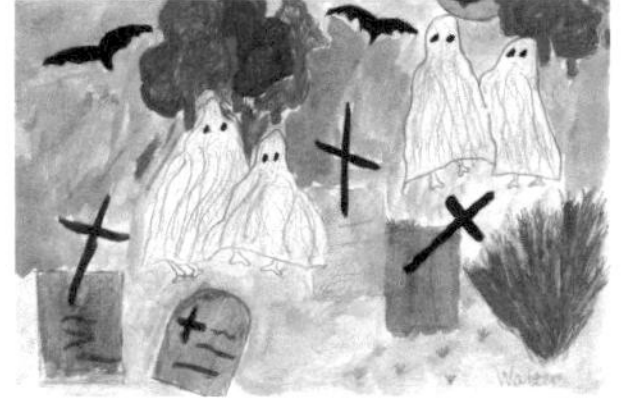

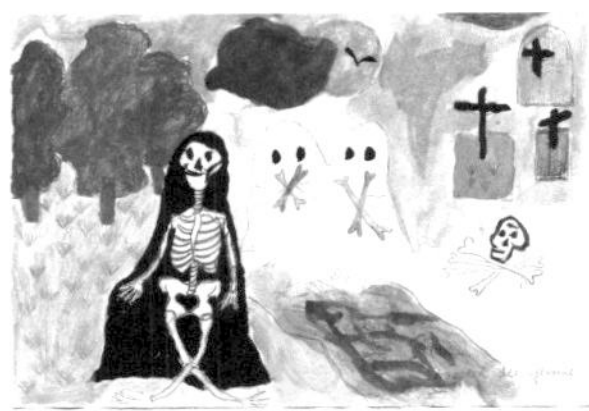

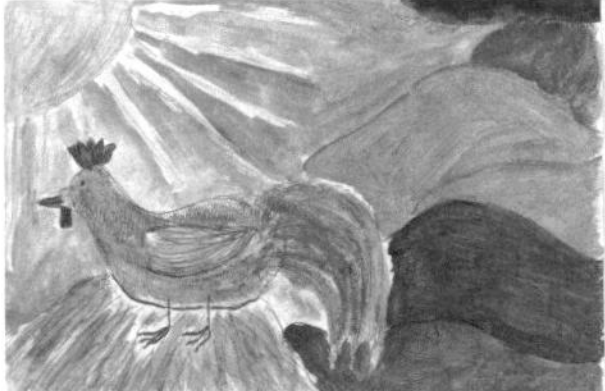

Bilder zu „Danse macabre“ von Camille Saint-Saëns von Martina Raab

Werkausschnitte in Bilder umsetzen (Szenisches Spiel)

Ziel der Methode
Auseinandersetzung mit einem Werkausschnitt (z. B. das Programm oder die Struktur veranschaulichen)

Einsatzmöglichkeiten
Musikgeschichte, Werkanalyse

Material
evtl. Kostüme und Requisiten, ggf. Schattentuch

Vorbereitung
Werkausschnitt in sinnvolle Abschnitte unterteilen, freier Platz zum Spielen

Sozialform
Gruppenarbeit

Stufe
für alle Jahrgangsstufen

Beschreibung
Die Schüler/innen arbeiten in Gruppen; dabei hat reihum eine Person die Funktion des Regisseurs inne. In einzelnen Standbildern zu den Werkausschnitten setzen die Schüler/innen um, was ihnen die Musik „sagt" bzw. in welcher Weise sie diese erleben. Anschließend verbinden sie die einzelnen Standbilder mit Bewegungen und gestalten ihre Bilderfolge zur Musik.

Tipps
- Sind die Schüler/innen recht schüchtern, können sie hinter einem sie vor direkten Blicken schützenden Schattentuch arbeiten.
- Über die Lichtquelle (OHP oder Beamer) können verschiedene Hintergründe auf die Schattenleinwand projiziert werden, die als Kulisse fungieren.
- Auf der Website des bayerischen LehrplanPLUS für Musik an der Realschule steht im Serviceteil für die 9. Jahrgangsstufe eine Unterrichtssequenz zu dem Werk „Mein 1989" von Georg Katzer als Download zur Verfügung. Diese Radiokomposition kann auch mit einem Schattentheater illustriert werden.

Varianten Oft bieten sich Lieder auch zur szenischen Gestaltung an.

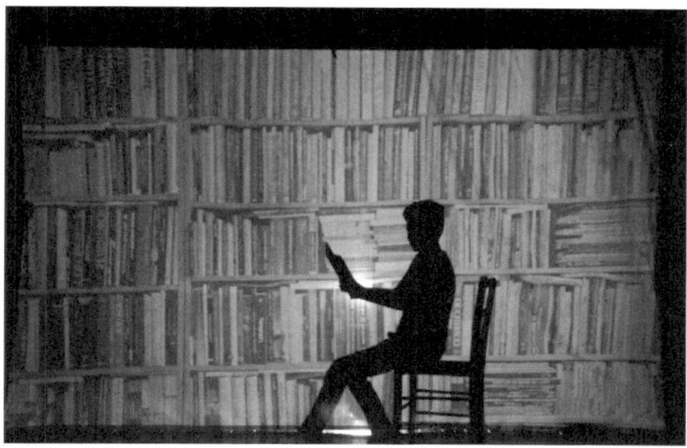

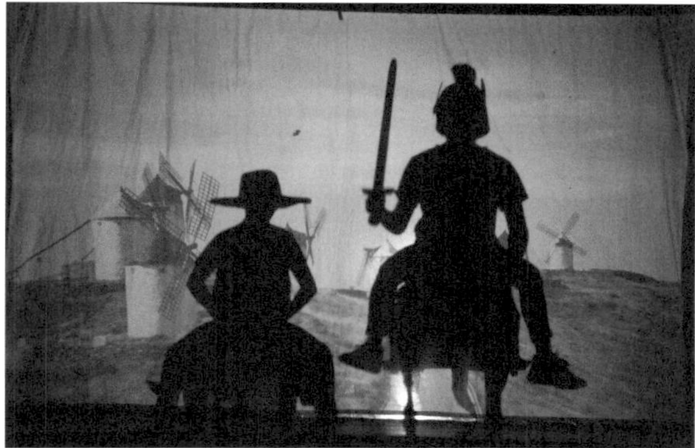

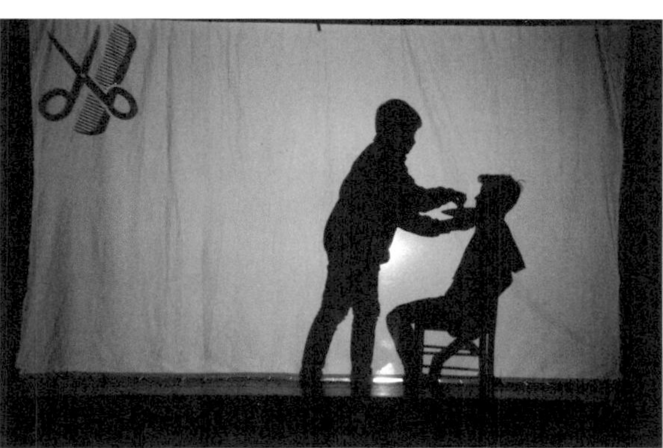

Beispielbilder zur Ouvertüre von „Der Mann von La Mancha" (Das ist ein Musical von Mitch Leigh, Dale Wasserman und Joe Darion.) Fotos: Manfred Brunnbauer

Werkausschnitte in Bilder umsetzen (Stop-Motion-Videos)

Ziel der Methode
Auseinandersetzung mit einem Werkausschnitt
(z. B. das Programm oder die Struktur veranschaulichen)

Einsatzmöglichkeiten
Musikgeschichte, Werkanalyse

Material
Requisiten, Kameras zum Fotografieren, Programm zum Kreieren der Filme

Vorbereitung
Werkausschnitt in sinnvolle Abschnitte unterteilen,
freie Fläche zum Stellen/Legen der Szenen

Sozialform
Plenum, Partnerarbeit

Stufe
für alle Jahrgangsstufen

Beschreibung
Zunächst strukturieren die Schüler/innen (im Plenum) den zu bebildernden Hörausschnitt in einzelne Abschnitte. Zu jedem Abschnitt soll später ein Foto geschossen werden. Dann werden Tandems gebildet. Jedes Team überlegt sich zuerst, welche Gegenstände es für die Filme verwenden möchte. Es eignen sich z. B. Spielfiguren, Stifte, Nudeln, Schuhe, Perlen, Knöpfe … Nun überlegen die Schüler/innen, wie sie die Gegenstände für jedes benötigte Foto so anordnen, dass ihr Film zur Musik passt. Anschließend fotografiert ein Tandempartner (am besten mit einem Stativ, damit immer dieselbe Perspektive erhalten bleibt), der andere legt die verschiedenen Positionen. Danach werden die Fotos mit Hilfe eines entsprechenden Programms (z. B. „Fotos“) passend zur Musik angeordnet. Feedback zu ihren Filmen erhalten die Schüler/innen in einem Galeriegang.

Tipps

- Die zu bebildernden Werkausschnitte sollen höchstens eine Minute dauern. Für jede Veränderung in der Musik wird nämlich ein eigenes Foto benötigt.
- Es setzen sich auch Schüler/innen, die ansonsten unbekannter Musik gegenüber weniger aufgeschlossen sind, intensiv mit dem Werk auseinander. Sie hören sehr genau hin, um passgenaue Zuordnungen der Musik zu einem Foto zu finden.
- Bunter Plakatkarton als Untergrund bzw. Hintergrund lässt Gegenstände wie Nudeln besser zur Geltung kommen.
- Schüler/innen, die zügig arbeiten, können auch noch verschiedene Effekte (je nach verwendetem Programm) in ihren Film einbauen.
- Die gelungensten Filme können z. B. in den Umbaupausen beim Schulkonzert gezeigt werden.
- **Literaturtipp:** Höftmann, Andreas (2019): Digitales Lernen im Musikunterricht. Schüler produzieren Stop-Motion-Videos zum „Karneval der Tiere“, in Studio Neumann (Hrsg.): Musik & Bildung. Zeitschrift für Musik in den Klassen 5–13, S. 42–50.

Varianten

Die Schüler/innen können Fingerkaleidoskope zu einem Musikstück kreieren und diese dann abfilmen. Dazu gehen sie in Dreier- oder Vierergruppen zusammen. Mit ihren Fingern gestalten sie verschiedene Muster. Diese Muster verändern sich z. B. taktweise ähnlich einem Kaleidoskop, wenn es gedreht wird.

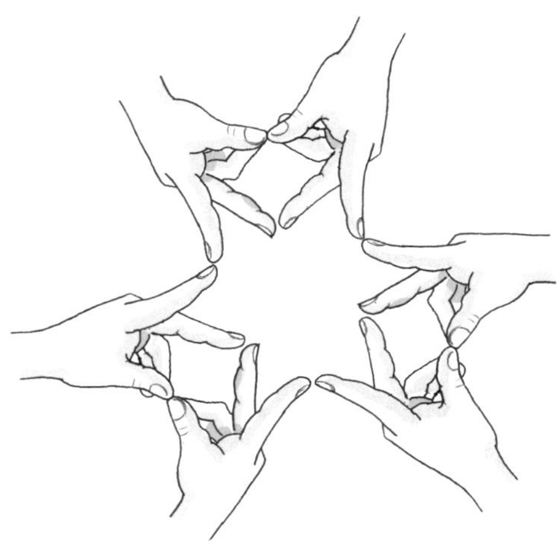

Zauberflöte aktiv

Ziel der Methode
Handlungsorientierter Umgang mit der Musik einer Oper

Einsatzmöglichkeiten
Wiener Klassik, Werkkunde, Komponistenbiografie von W. A. Mozart

Material
Werkausschnitte zu den Arien „Der Vogelfänger bin ich ja“ und „Das klinget so herrlich“

Vorbereitung
Hörbeispiele besorgen, sich mit der Umsetzung der Symbolschrift befassen

Sozialform
Plenum, Kleingruppe (Varianten)

Stufe
5. bis 7. Klasse

Beschreibung
Da der Zugang zu Opern für Schüler/innen klangästhetisch und gattungsbezogen erschwert ist, bieten sich handlungsorientierte Zugänge an, bei denen die Schüler/innen entweder in Rollen schlüpfen und Szenen gestalten (vgl. Szenische Interpretation von Musiktheater), Werkausschnitte musizieren oder sich zur Musik bewegen.
Bei der vorliegenden Methode werden Arien mit einfachen Bewegungsfolgen kombiniert.

Tipps Durch den Einsatz von Software kann das Hörbeispiel zunächst langsamer, dann im Originaltempo abgespielt werden. Fortgeschrittene können das Hörbeispiel aus der Originaldatei extrahieren und mit einem Einzähler versehen.

Varianten Die Schüler/innen erfinden selbst in Kleingruppen Bewegungsabfolgen passend zur Musik zu weiteren Arien und Werkausschnitten.

Percussionbegleitung von Daniel Mark Eberhard zu „Der Vogelfänger bin ich ja“ aus der „Zauberflöte“ von W. A. Mozart

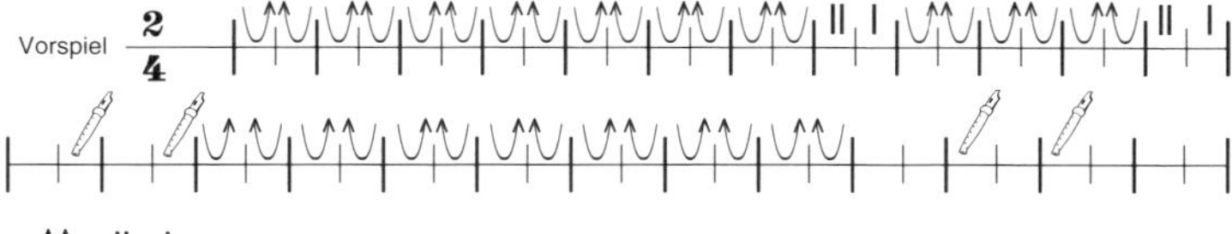

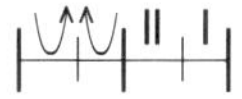

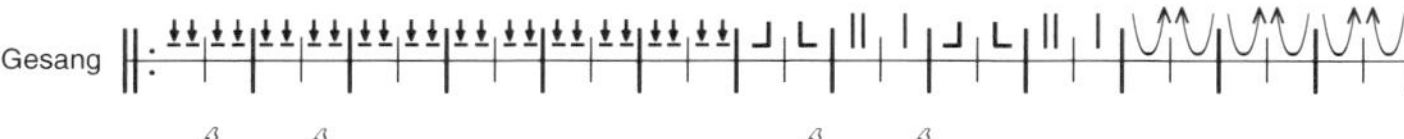

3x

Symbolerklärung:

= dirigieren

= klatschen

= Flöte spielen

= abwechselnd re/li auf die Oberschenkel patschen

= re/li aufstampfen

Percussionbegleitung von Daniel Mark Eberhard zu „Das klinget so herrlich“ aus der „Zauberflöte“ von W. A. Mozart

4/4 G D D G G

C G D G D G

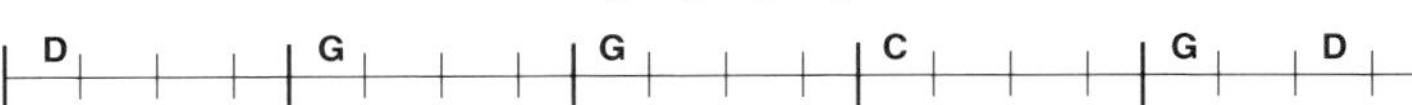

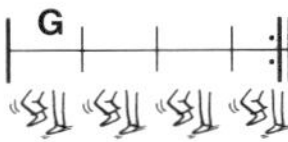

Daniel Mark Eberhard, Martina Raab: Das schnelle Methoden 1x1 Musik. Illustration: Liliane Oser

Einstudierung von gebundenen Tänzen

Ziel der Methode
Gebundene Tänze über verschiedene Lernwege einstudieren

Einsatzmöglichkeiten
Tanzen im Klassenverband

Material
Karten mit Tanzbeschreibungen und Fotos, Filmausschnitte, Musikbeispiele in unterschiedlichen Tempi

Vorbereitung
Karten mit Tanzbeschreibungen und Fotos, Filmausschnitte, Musikbeispiele in unterschiedlichen Tempi

Sozialform
Plenum bzw. Partner-/Einzelarbeit

Stufe
für alle Jahrgangsstufen

Beschreibung
Wenn Tänze im Klassenverband einstudiert werden, macht die Lehrkraft die Bewegungsabfolgen spiegelbildlich und abschnittsweise vor, damit sie nicht mit dem Rücken zur Klasse steht, und verbalisiert diese gleichzeitig (z. B. rechts vor, links rück …). Wenn die Schüler/innen am Anfang des Lernprozesses stehen, sollten Sie die Bewegungen zunächst lieber langsam, aber dafür in einem einheitlichen Tempo ohne Schwankungen ausführen. Da die ausgewählte Musik im Original oft zu schnell ist, muss sie mit Hilfe einer entsprechenden Software verlangsamt werden, damit sie in einem geeigneten Übungstempo zur Verfügung steht.

Zur Kontrolle der Bewegungen ist ein Spiegel optimal, aber im Musiksaal nur selten vorhanden. Deswegen können Schrittfolgen gefilmt und anschließend im Hinblick auf korrekte und ansprechende Ausführung analysiert werden (die Aufnahmen müssen jedoch danach aus Datenschutzgründen wieder gelöscht werden). Abwechslung bieten Filmausschnitte oder Karten mit Tanzschriften, Skizzen und Fotos, mit deren Hilfe die Schüler/innen eine Bewegungsabfolge einstudieren. Überlegungen, wie die Klasse zur Tanzeinstudierung aufgestellt wird (Reihen, Kreis, Gasse …), sind unerlässlicher Teil der Vorbereitung.

Tipps

- Musikbeispiele können mit dem Freeware-Programm „Audacity" ohne Veränderung der Tonhöhe im Tempo angepasst werden.
- **Literaturtipp:** Beatrice Kuntsch (2016): Tanzen ohne vorzutanzen. Tanzbausteine für die selbstständige Schülerarbeit im Musikunterricht. Schott-Verlag (Musik und Bildung spezial 2016).

Varianten

Wenn die Schüler/innen über ein Repertoire an Bewegungsmustern verfügen, können sie auch selbst kleine Choreographien entwickeln.

Ein Kompositionsprinzip nachvollziehen

Ziel der Methode
Das Kompositionsprinzip eines Concerto grosso nachvollziehen

Einsatzmöglichkeiten
Formenlehre, Musikgeschichte, Werkhören

Material
Karten mit unterschiedlichen Rhythmen, präparierter Partiturausschnitt, gelbe, grüne und rote Folienstreifen, Aufnahme

Vorbereitung
Rhythmuspatterns und Partiturausschnitt kopieren für die Arbeit im Plenum

Sozialform
Plenum bzw. Gruppen-/Einzelarbeit

Stufe
ab Klasse 6

Beschreibung
Die Komplexität des Kompositionsprinzips eines Concero grosso wird, um das Verständnis zu erleichtern, auf die rhythmische Komponente reduziert. Die Schüler/innen spielen zunächst die Rhythmen des „Concertino", des „Ripieno" und des „Basso continuo" aus dem ersten Satz des Zweiten Brandenburgischen Konzerts von Johann Sebastian Bach selbst mit Bodypercussion. Anschließend erkennen sie diese Rhythmen im Notenbild und es entsteht durch farbige Markierungen eine „Schablone", die den Ablauf eines Concerto grosso veranschaulicht. Mit den vorher einstudierten Rhythmen musizieren die Schüler/innen nun diesen Ablauf des Concerto grosso. Das nachfolgende Hören des Originals ist über die rhythmische Vorarbeit so vorbereitet, dass sie das Kompositionsprinzip auch hörend nachvollziehen können.

Tipps
- Auf der Website des bayerischen LehrplanPLUS für Musik an der Realschule steht im Serviceteil für die 6. Jahrgangsstufe eine Unterrichtseinheit zum „Concerto grosso" als Download bereit.

Varianten Die Schüler/innen komponieren ein eigenes Concerto grosso mit Rhythmen.

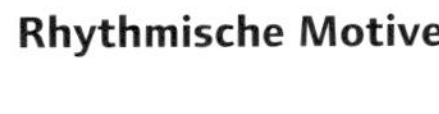

Rhythmische Motive

Der Bass, das ist das Fun - da - ment

(Spielweise: auf die Oberschenkel patschen, „hand-to-hand“)

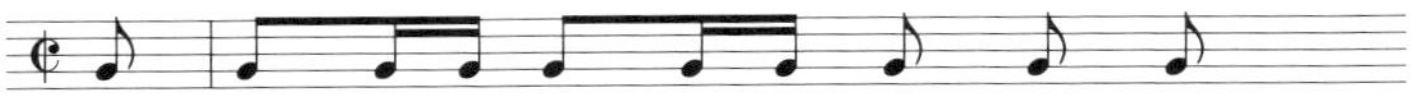

Der Mark - graf zu Bran - den-burg liebt Mu - sik

(Spielweise: klatschen)

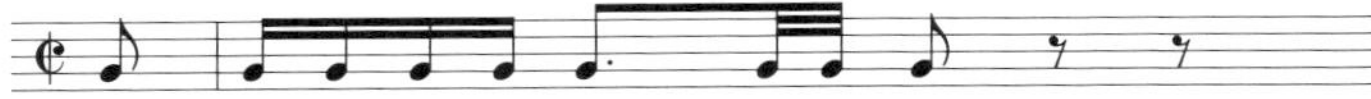

Ein So - lo gibt den rich - ti-gen Kick

(Spielweise: mit Stiften an die Tischkante schlagen, „hand-to-hand“)

Partiturausschnitt Concerto grosso aus dem ersten Satz des Zweiten Brandenburgischen Konzertes von Johann Sebastian Bach

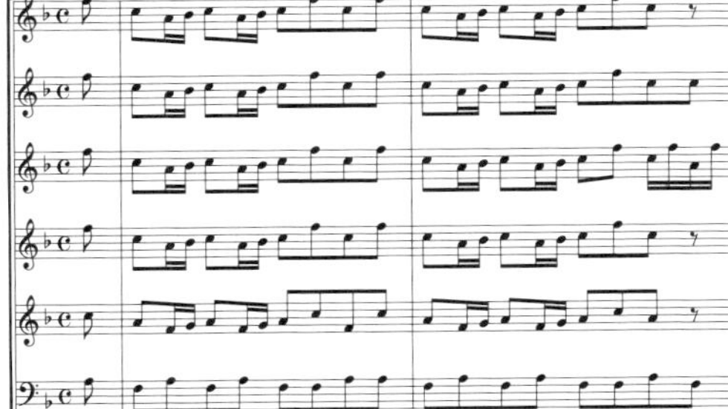

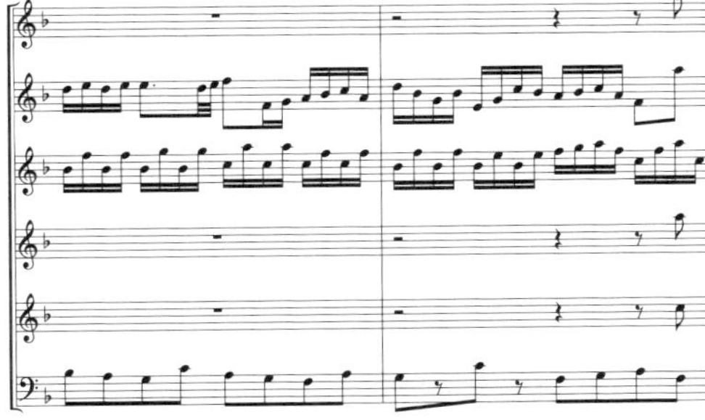

Kopiervorlage

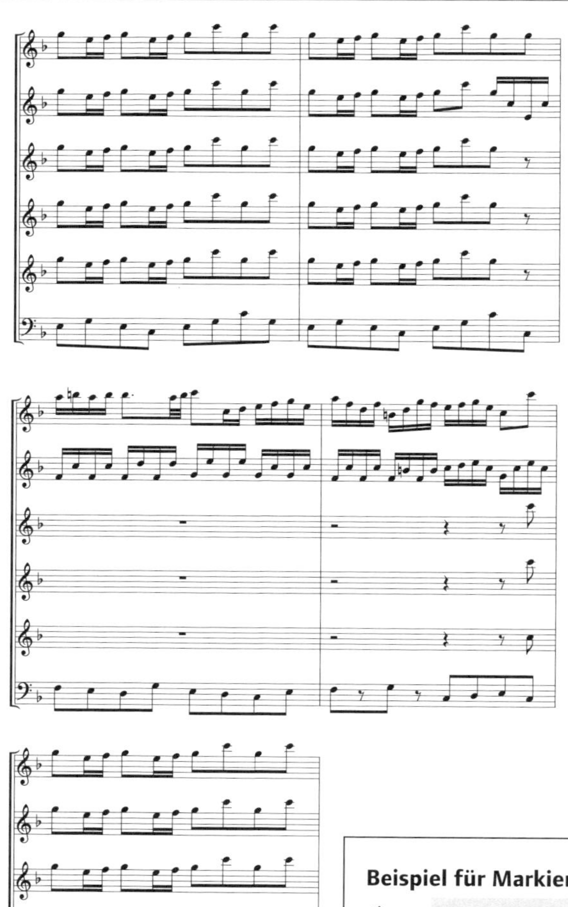

Beispiel für Markierung mit Folienstreifen

Ein Kompositionsprinzip selbst umsetzen

Ziel der Methode
Anwendung von Gestaltungsprinzipien und Förderung der Kreativität

Einsatzmöglichkeiten
Produktion von Musik nach bestimmten Kriterien

Material
Bauanleitung für die Komposition von Variationen oder Modi,
die für eine Komposition im Stile des Serialismus verwendet werden können,
Instrumente, um die Kompositionen erklingen zu lassen

Vorbereitung
Vorlagen erstellen und kopieren

Sozialform
Einzel-, Partner- oder Gruppenarbeit

Stufe
ab Klasse 7

Beschreibung
Um selbst Musik nach einem bestimmten Kompositionsprinzip produzieren zu können, müssen die Schüler/innen dieses zuvor an einem Werk kennengelernt haben. Anschließend können sie mit einer genauen „Bauanleitung“ selbsttätig Kompositionen erstellen. Je nach Vorkenntnissen der Schüler/innen kann die Bauanleitung mehr oder weniger Hilfestellungen (bzw. Vorgaben) enthalten.
Am Beispiel des Serialismus könnte das folgendermaßen ablaufen:
In Anlehnung an Bilder aus dem Buch „Kunst aufräumen“ von Ursus Wehrli „räumen“ die Schüler/innen die ersten vier Takte von Olivier Messiaens „Mode de valeurs et d`intensités, n° 2“ auf. Der Höreindruck des Klavierstücks wird nämlich eher als „chaotisch“ eingestuft.
In dieses für den Hörer scheinbare musikalische Durcheinander wird nun – den Parametern (Tonhöhe, Tondauer, Lautstärke und Klangfarbe) entsprechend – Ordnung gebracht. Die Lehrkraft informiert nun die Schüler/innen, dass die Ordnung, die jetzt angeblich erst entstanden ist, aber schon durch die Idee, die hinter der Komposition steckt, gegeben ist. Messiaen gibt sich nämlich bestimmte Anordnungen der Parameter (also Tonhöhe, Tondauer, Lautstärke und Klangfarbe) vor; sie dienen ihm als Ausgangspunkt. Die Parameter-Anordnungen (Modi) kombiniert er dann nach einem strengen Ordnungsprinzip: der Reihenbildung.

Kopiervorlage

Komposition im Stil des Serialismus

Gestaltet eine viertaktige Komposition im Stil des Serialismus.
Legt fest, wie ihr die Modi kombinieren wollt. Dabei sollte ein übergeordnetes Konzept erkennbar sein:
z. B. 1-1-2-3, 1-2-3-1, 2-3-1-1, 3-1-1-2.

Modus 1 (Tonhöhe)		
1 g` fis`	2 e` f` d`	3 b` a` c` h`
Modus 2 (Tondauer)		
1	2	3
Modus 3 (Lautstärke)		
1	2	3
Modus 4 (Klangfarbe)		
1 B B B B G G G X X	2 B G G X X X K K K K	3 K K K B

K = Klavier, B = Boomwhacker, X = Xylophon, G = Glockenspiel

Vom Riff zum Song

Ziel der Methode
Improvisatorische Entwicklung einer Songidee

Einsatzmöglichkeiten
Themenbezüge: Komposition in der Pop-/Rockmusik

Material
Instrumente, Papier, ggf. Aufnahmegerät und Drumcomputer (bzw. Rhythmus-App)

Vorbereitung
evtl. Musikbeispiele mit bekannten Riffs, z. B. Telekom-Audiologo, „Schicksalsmotiv" der Symphonie Nr. 5 von Beethoven, Gitarren-Riff von „Smoke on the water" (Deep Purple), Rhythmusmotiv von „We will rock you" (Queen), Synthesizer-Motiv von „Jump" (Van Halen)

Sozialform
Plenum bzw. Partner-/Einzelarbeit

Stufe
für alle Jahrgangsstufen

Beschreibung
Songwriting kann vom Text, von einer Melodie, einem Rhythmus oder einer Harmoniefolge ausgehen. Ausgehend von der Vorstellung und Besprechung bekannter, musikalischer Motive und Riffs experimentieren die Schüler/innen selbsttätig, z. B. mit Keyboards, Stabspielen, Perkussionsinstrumenten oder eigenem Instrumentarium, um daraus einen eigenständigen musikalischen Baustein zu entwickeln.
Um die Schüler/innen zu inspirieren, kann die Lehrkraft zum Metrum/ Drumcomputer verschiedene weitere Motive vorspielen und/oder vorsingen, die die Schülergruppe singend, klatschend, patschend etc. wiederholen. Auch die Ideen der Schüler/innen können hier einbezogen werden.
Nachdem sich in Einzel- oder Partnerarbeit ein kurzes Motiv/Riff („Hookline") herausgebildet hat, wird dieses in einem zweiten Schritt zu einer längeren Phrase weiterentwickelt, die die Grundlage für den Chorus („Refrain") bildet.
Dazu kann die Lehrkraft beispielhaft aufzeigen, wie sich die Ton-/Rhythmusmotive wiederholen, variieren oder kontrastieren lassen. Das Ziel ist zunächst die Entwicklung einer vier- bis achttaktigen Phrase.

Zur Orientierung hinsichtlich der Dauer von vier oder acht Takten kann ein entsprechend programmierter Drumcomputer eingesetzt werden, der im Hintergrund in langsamem Tempo läuft.
Die entstandene Phrase wird anschließend mit einem Text versehen. Der Inhalt kann individuell gewählt oder gemeinsam festgelegt werden (z. B. Thema „Sommer“). Auch hier bietet es sich an, verschiedene Möglichkeiten vorzustellen, z. B. ein sinnfreier, eher auf Phonetik zielender Text (z. B. Ketchup-Song: „Aserejé ja de jé de jebe ...“), ein Erzähltext (z. B. „Zusammen“ von den Fantastischen Vier), ein lyrischer Text (z. B. „Mensch“ von Herbert Grönemeyer) etc. Dabei soll der Titel des Songs gleich mitgedacht werden. Anschließend tragen die Schüler/innen die erfundene Melodie samt Text vor, das Plenum lernt diesen Text und gemeinschaftlich wird der entstandene Refrain reflektiert. In weiteren Schritten kann auf diese Weise ein kontrastierender Strophenteil und ein Mittelteil („Bridge“, „middle eight") entstehen.
Bei der Harmonisierung können per App oder mit Keyboards, bei denen per Knopfdruck ein Akkord erklingt, Schüler/innen mit Begleiterfahrung oder die Lehrkraft helfen, nach passenden Mustern (z. B. gängige I-IV-II-V-Verbindung, „spanische Kadenz“ mit absteigender Basslinie, zwei abwechselnde und sich wiederholende Akkorde, nur ein Akkord) zu suchen.

Tipps

- Besonders spannend und motivierend kann die Fortführung in Form von Aufnahmen, projektartiger Umsetzung und Präsentation ausgewählter Songs mit Bandbesetzung im Klassenverband sein.
- **Literaturtipp:** Zahlreiche Inspirationen bietet die Publikation: Schmidt, Andre (Autor)/Terhag, Jürgen (Hrsg.) (2010): Songwriting. 40 Wege zum eigenen Song. Mainz: Schott.

Varianten

- Je nach Vorerfahrungen der Klasse kann man weniger kleinschrittig vorgehen. Im Idealfall steht die Lehrkraft beratend zur Verfügung und die Schüler/innen gestalten den Songwritingprozess selbstständig.
- Als Ausgangspunkt für die Riffs können die Namen (oder Handynummern) der Schüler/innen verwendet werden. Eine Tabelle übersetzt die Buchstaben in Töne und ermöglicht so die musikalische Umsetzung. Die Aufteilung der Buchstaben auf die Töne einer C-Dur-Tonleiter könnte wie folgt aussehen:

ABCD	EFGH	JKLM	NOPQ	RDST	UVWX	YZ
C	D	E	F	G	A	H

Vom Text zum Song

Ziel der Methode
Improvisatorische Entwicklung einer Songidee

Einsatzmöglichkeiten
Themenbezüge: Komposition in der Pop-/Rockmusik

Material
Papier, Stift, ggf. Aufnahmegerät und Drumcomputer (bzw. Rhythmus-App)

Vorbereitung
Unterschiedliche Songtextbeispiele

Sozialform
Plenum bzw. Partner-/Einzelarbeit

Stufe
für alle Jahrgangsstufen

Beschreibung
Songwriting kann vom Text, von einer Melodie, einem Rhythmus oder einer Harmoniefolge ausgehen. Im Folgenden wird auf den textlichen Ausgangspunkt Bezug genommen.
Abhängig von der Zielgruppe können zunächst einige Songtextbeispiele vorgestellt und gemeinsam besprochen oder auch unmittelbar Texterfindungs- und Schreibphasen initiiert werden.
Ob sich ein gemeinsames Thema, z. B. aus aktuellem Anlass, oder individuelle Themen anbieten, sollte mit den Schüler/innen gemeinsam geklärt werden. Beispiele sind

- Orte (z. B. Städte, Plätze in der Natur, Landschaften, Länder), die zur Unterstützung mit Bildern illustriert werden können,
- Menschen und ihre Eigenschaften,
- zwischenmenschliche Beziehungen,
- Alltagsthemen,
- politische Themen,
- Tageszeiten,
- Lebenssituationen etc.

Die Schüler/innen haben die Aufgabe, ohne langes Nachdenken das zu Papier zu bringen, was ihnen zu dem Thema einfällt. Dies kann entweder in Form loser

Begriffe oder ganzer Sätze erfolgen. Als Regel hilft: Schreibt möglichst schnell und viel auf, ohne euch in diesem ersten Schritt allzu lange mit dem Sinn oder den gewählten Worten zu befassen.
So können z. B. witzige Lieder entstehen, die aus längeren Auflistungen bestehen (vgl. „Everything at once" von Lenka, „Pöter" von Reinhard Mey) oder eher lyrisch-erzählende Texte mit starker, konzentrierter Aussage. Vorgegebene Wörter zum Einstieg können zur Unterstützung des Schreibprozesses beitragen, z. B.

- „Wenn ich/wir …",
- „Weißt du eigentlich, …",
- „Am Himmel …".

Denkbar und reizvoll sind aber auch bewusst ungewöhnliche, sperrige Worte (vgl. „Bruttosozialprodukt" von Geier Sturzflug). Als Strukturvorgabe für Song- und Rap-Texte kann auch das Reimprinzip vorgegeben werden, bei dem die Schüler/innen zunächst nach passenden Begriffspaaren suchen. Reimsuchmaschinen im Internet können hier unterstützen und inspirieren.
In höheren Jahrgangsstufen lässt sich fächerverbindend auf sprachliche Stilmittel wie Metaphern und Allegorien Bezug nehmen.
Zu dem entstandenen Text suchen die Schüler/innen nun nach einer passenden Melodie; das kann im improvisatorischen Singen zum Text mit oder ohne instrumentale Hilfe geschehen. Vorgegebene Harmonieschemen, z. B. unter Einsatz von Keyboards oder Software/Apps, können diesbezüglich unterstützen. Der entstandene Text (Refrain, Chorus etc.) wird an Zwischenstationen und abschließend präsentiert und reflektiert.

Tipps

- Besonders spannend und motivierend kann die Fortführung in Form von Aufnahmen, projektartiger Umsetzung und Präsentation ausgewählter Songs mit Bandbesetzung im Klassenverband sein.
- **Literaturtipp:** Zahlreiche Inspirationen bietet die Publikation: Schmidt, Andre (Autor)/Terhag, Jürgen (Hg.) (2010): Songwriting. 40 Wege zum eigenen Song. Mainz: Schott.

Varianten

- Das Vorgehen lässt sich vielfach variieren. Abhängig von der Jahrgangsstufe und den Vorerfahrungen der Schüler/innen ist u. U. ein weniger kleinschrittiges und strukturiertes Vorgehen stiltypischer und den Schüler/innen angemessen.
- Im Idealfall steht die Lehrkraft bei Fragen als Berater und Unterstützer zur Verfügung und die Schüler/innen gestalten den Songwritingprozess – wie im außerschulischen Kontext – selbstständig informell.